KB231672

변화와 희망을 위한
철학에세이

변화와 희망을 위한 철학에세이

1판 1쇄 인쇄 2010년 11월 25일
1판 1쇄 발행 2010년 11월 30일

지은이 | 김해영
펴낸이 | 고진숙
기획 · 편집 | 김종만
디자인 | 이춘희

출력 | 소망 · 콤 02-362-7254
종이 | 신승지류(주) 02-2270-4900
인쇄 · 제본 | 상지사피앤비 031-955-3636
물류 | 문화유통북스 070-8282-6300
펴낸곳 | 도서출판 문화문고
출판등록 2005년 5월 17일(제300-2004-89호)
주소 110-816 서울시 종로구 부암동 129-8 울트라타임 730 오피스텔 612호
전화 02-379-8883 팩스 02-379-8874 이메일 mbook2004@naver.com

ISBN 978-89-7744-032-6 03440

변화와 희망을 위한 철학 에세이

김해영 지음

101

전국공무원노조 수원지부장 김해영의 생활 · 정치 · 노동철학에세이

도·서·출·판
문화문고

머
리
말

천명天命이 있긴 있나 보다. 하고자 한 게 아닌데 하고 있고, 이르고자 하지 않았는데 이르러莫之爲而爲者天也 莫之致而至者命也 있는 것을 보면 묘하게도 맞아 떨어지는 얘기로 들린다. 10년 주기설, 사람마다 삶의 변화paradigm shift of life가 찾아온다는, 대개 10년을 주기로 찾아온다고 한다. 아전인수我田引水인지 모르겠으나 필자의 경우를 반추해 보면 그리 부정할 일도 아닌 듯해 보인다.

행인지 불행인지 단정 짓기 쉽지 않지만 1974~75년경부터 사회생활을 시작한 필자는 세상이 어떻게 생겨 먹었는지 도무지 알지 못했다. 진실로 어두운 밤길을 가는 그런 시절이었다. 얼마 되지도 않는 재산(?)을 왜들 그렇게 노리는 놈(?)들이 많았던지 늘 가난하게 살 수밖에 없었다. 돌이켜 보면 추억이 잔뜩 서린 그런 시절이었지만 다시 그런 삶을 살라고 하면 사양하고 싶다. 두려워 자신 못한다.

서울 홍대(홍익대학교) 앞의 중국음식점에서의 생활과 공군부대에서의 문관(지금의 군무원) 생활, 수원과 강원도 화천, 철원 등지에서의 전기공사 업체에서의 동분서주했던 생활 등. 혹독한 삶이었던 까닭 때문인지 이제 아련한 추억으로 느껴진다. 돌이켜 보면, 사회의 밑바닥에서부터 출발한 사회생활로 인해 세상 알기를 개떡으로 알고 덤비기 일쑤였다. 그래서 많이 깨지는(?) 그런 시절이기도 했다.

세상을 알아야 했다. 그러나 여전히 세상이 어떻게 생겨먹었는지 알지 못하고 살면서 군복무(방위 14개월)를 마치고 새로운 세상을 맞이하는 1984~85년 무렵, 수원과 화성 등지에서 전기공사와 가스배달업, 전자제품 판매업, 모터 수리업과 대형트럭 등의 운전기사, 동해시와 수원시에서의 공인중개사업, 북아프리카 리비아에서의 전기기사직에 종사하면서 세상을 조금씩 아주 조금씩 알아가기 시작했다.

본격적인 노동자 생활이었다고나 할까. 새록새록 노동자의 삶의 의미를 터득하기 시작했다. 무엇이 이런 모순과 괴리를 낳게 하는 것인지, 어떻게 풀어갈 것인지, 어떤 사회가 되어야 하는지에 대해 고민하기 시작했다. 사회에 참여하는 방법, 풀어가는 방법, 뭐가 있을까? 그렇게 좌충우돌左衝右突하면서 세상이 어떻게 생겨먹었는지 알아갔다. 세상을 알아가면서 자연스럽게 학문의 길을 추구하게 되었다.

사회생활에서 직업과 동시에 학문을 한다는 것은 참으로 쉽지 않다. 직업전선에 최선을 다하다 보면 학문에 천착하기 어렵고, 학문의 길에 매진하면 직업전선에 그 만큼 소홀해 질 수 있다. 자칫 죽도 밥도 아닌 경우가 될 수 있다는 점에서 여전히 학문의 길과 직업전선의 길을 병행하기란 쉽지 않다. 모순矛盾은 아니지만 여전히 논란이 될 수 있다는 점에 대해 부정하고 싶지 않다. 난제다.

공직자 생활을 시작한 1994~95년부터 본격적으로 공직과 학문의 길을 병행했다. 경제난이 여전히 존재하긴 했지만 보다 안정적으로 공직과 학문을 겸할 수 있었던 점을 고려하면 보통 행운이 아닐 수 없는 일이다. 이른 사회경험 때문인지 공직에서의 삶과 학문의 길을 병행하는 데 그리 어렵진 않았다. 물론 고난이 전혀 없는 것은 아니었지만 일반 사회생활과 비교, 능히 극복할 수 있는 그런 정도였다.

그런 점에서 수원시의 선배공직자와 동료들에게 감사할 일이다. 때문에 어떤 형태로든 되갚아야 한다는 차원에서 틈만 나면 학문에서 얻어진 결과물을 동료(시정발전연구단과 혁신선도팀, 공무원노동조합 활동 등)는 말할 것도 없고 시민들(한자와 철학, 생활철학 등)에게 닥치는 대로 돌려주고 있다. 그렇게 생활하는 동안 중 · 고등학교 과정과 대학 · 대학원을 마쳤다. 어느새 또 10년이 흘러 버렸다.

평등의 가치를 누구보다 강조하는 사람이 되었지만, 기회의 균등 즉 기회의 평등을 의미한다는 점에서 끊임없이 찾아오는 기회를 어떻게 잡을 것인가를 두고 고민하며 사는 동안, 2004~05년부터는 본격적으로 대인大人을 위한 학문에 들어선 사람들과 줄탁동시啐啄同時 하고 있다. 세상의 안목과 수준 높은 겸양의 미덕을 접하게 하여 진실로 여민동락할 수 있도록 하는 공부는 아무리 생각해도 좋은 일이다.

세월은 유수와 같이 흘러 2010년 하고도 하반기에 있다. 세상을 더 알기 위해 여전히 공부하고 있다. 사실 세상을 안다는 것은 사람의 마음을 안다는 얘기 아닌가. 사람을 알기 위해 끊임없이 절차탁마切磋琢磨 하고 있지만 만만치 않다. 자신도 알기 어려운데 하물며 상대의 마음을 알기란 어떻겠는가. 특히나 사람의 마음이 언제 어떻게 변할지 모르는 상황에서 대등한 관계를 유지하기란 쉽지 않다.

　세상과 마주하며 사는 동안 수없이 다양한 사람들을 만났다. 관계성을 돈독하게 하기 위해 다가서면 코를 베어(?)가기 일쑤고, 코를 베이지 않기 위해 일정한 거리를 두면 사람답지 못하다는 얘기들이 떠도는 세상이다. 그런 가운데 자연 사회적 약자가 출현하게 되고 이들을 위해 누군가 존재하는 것도 괜찮겠다고 생각하고 있지만 과연 옳은지 그른지는 두고 볼 일이다. 워낙 불확실한 세상 아닌가.

　역시 시간은 지금도 또 흘러(?)가고 있고, 유사한 사람들과 코드를 맞추기 위해 차분히 준비하고 있다. 결과가 어떨지는 두고 봐야 알겠지만 10년 주기설을 고려할 때 뭔가 변화하고 있는 것만은 확실해 보인다. 지금의 담금질이 그 때를 위한 것이라는 점을 가정하면, 분명 10년 주기설이 필자에겐 틀리지 않는 듯하다. 물론 호기심curiosity과 자존심self-respect, 고독solitude이 지속되어야 하겠지만.

　끝으로 이 책은 필자가 공직자이자 노동운동가이며 대학생들과 줄탁동시하는 입장에서 자연 공직자와 노동운동가, 대학의 학우들을 대상으로 하고 있다. 따라서 일상 속에서 일어나는 소박한 일들에 관해 최대한 가볍게 접근하고자 하였다. 그럼에도 독자들은 읽기에 다소 불편할 수도 있을 것이다. 그러나 시대를 이끌어가는 오피니언 리더라는 입장에서 천착하면 좋겠다. 독자제현의 질정을 바란다.

2010년 11월 우만동 연구실에서~

차례

정치철학 에세이

노동철학 에세이

1
부

생활철학 에세이

001 길흉은 움직임에서 비롯된다! | 002 좌우명을 세우고 끊임없이 공부하자! | 003 축구에 미친 나라! | 004 폭력의 상호관계를 어떻게 볼 것인가? | 005 유유상종! | 006 김연아 광풍을 어떻게 볼 것인가? | 007 소신이 있어야 오래간다! | 008 성, 살려는 마음이다 | 009 왜 따지는가? | 010 누구나 무엇이든 쓸모는 있는 법! | 011 무식하면 약이 없다! 변화를 도모하라! | 012 중용의 도! | 013 무엇이 될 것인가? | 014 기망은 오래가지 못한다! | 015 거짓말 잘하는 인사들 | 016 조짐과 시·관·찰 | 017 우리 사회의 경쟁에 대한 단상! | 018 숭례문 참사에 관한 소고 | 019 특유의 한류문화를 만들어야! | 020 부인이라는 말! | 021 사모님이라는 말 | 022 노예같은 인생! | 023 나를 죽여야 산다! | 024 부메랑 | 025 편견을 버려야 더불어 살 수 있다! | 026 자포자기하는 사람과는 더불어 살 수 없다! | 027 진실한 벗아·측근에 많았으면 좋겠다! | 028 서냐? 투냐? 그것이 문제로다! | 029 서시빈목이 만연한 사회 | 030 지혜로운 삶의 과정 | 031 천정부지는 자연의 역행! | 032 내버려 둬야겠다! 내버려 둬야겠어!! | 033 바보보다는 심보를 길러야! | 034 사람 잡아먹는 사람들

길흉은 움직임에서 비롯된다!

동정動靜이 있다. 움직이고 고요하다는 얘기다. 여기서 '동'은 활발하게 움직임을 뜻하고 '정'은 고요하게 머무르는 것을 의미한다. 역시 관심의 초점은 '동動'이다. '동'에서 '길흉吉凶'이 나오기에 어떻게 움직이느냐에 따라 '길'하게도 '흉'하게도 되기 때문이다.

뉴스나 각종 매체를 통해 알 수 있는 일이지만 온갖 사고로 이번 명절*을 제대로 지내지 못한 사람들이 있는가 하면, 반대로 누구보다 기쁘게 지낸 이들도 부지기수일 게다. 모두가 길하게 움직였느냐 흉하게 움직였느냐에 따라 결과는 천양지차天壤之差로 달라진 것이다.

* 2010년 추석은 징검다리 휴무로 이용하기에 아주 적당하게 주중에 끼어 있어, 고향 가는 사람들 발길을 가볍게 했다.

그렇다면 '어떻게 움직일 것이냐'이다. 길한 것을 선택하고 흉한 것을 피하고 싶은 마음이야 누구나 같겠지만 그것을 선택하는 데 있어서 중요한 것은 의연하게 자신의 모습 그대로를 평가하고 선택하는 것일 게다. 무엇보다 '냉철한 이성적 판단'을 해야 한다는 얘기다.

점을 치는 근본이유도 '길'한 것이 어떤 쪽이냐를 예측함에 있을 것이다. 아니면 적어도 흉한 곳으로 가고 싶지 않은 간절한 마음에서가 아닐까. 여하튼 '정'에서 '길흉'을 논하기보다는 주로 '동'에서 '길흉'이 나온다는 점에서 '움직임'을 중시하지 않을 수 없다.

또한 사람들은 대개 거취去取를 앞두고 점을 치곤 한다. 학교의 선택과 전공은 어떻게 할 것인지, 직업은 어떤 직업이 좋을지, 과연 나에게 혼인상대는 누가 적합할지, 공직은 나에게 맞는지, 어떤 자동차가 나을지, 어떤 투자가 좋을지 등 끝도 없이 선택을 요구받는다.

길흉이 나뉘는 시점이다. 냉철해질 필요가 있다. 친구 따라 강남가지 말고 '지금 바로 여기'에서 의연한 마음으로 욕심을 제거하고 선택해야 한다. 정도를 지키고 분명한 입장이 필요한 때가 바로 여기다. 그렇다고 매사 반드시 수세적으로 응할 필요는 없지만.

구도의 춤꾼으로 불리는 홍신자는 "배가 항구에 정박하고 있을 때는 안전하기 그지없지만 배는 그러한 목적으로 만들어진 게 아니다."라는 말을 한 적이 있다. 사람도 그렇지 않은가. 편안한 집에서 평생 안전하게 지낼 수도 있겠지만 그것이 사람의 온전한 삶이 아니듯이.

편안하지 않고 비록 인고의 나날이 계속된다 하더라도 양심과 소신에 따라 추호의 흔들림 없이 의연하게 '선택'해서 사는 삶, 그것이 '길한 삶'일 것이다. 민족 최대의 명절을 맞이하여 모두가 '길'한 선택

이 어떤 것인지를 음미하고, 의연하게 '선택'하는 삶이 되길 기대해
본다.

002

좌우명을 세우고 끊임없이 공부하자!

오늘날에도 〈좌우명座右銘〉이란 말을 많이 사용한다. 좌우명이란 이름처럼 자리의 오른쪽에 격언이나 경구를 붙여 놓고 성찰할 수 있는 자료로 삼는 그런 말을 말한다. 그러나 원래는 문장文章이 아니라 술독을 사용했다고 한다. 오래전 춘추오패春秋五覇의 한 사람이었던 제 나라 환공桓公이 죽자 묘당廟堂을 세우고 각종 제기祭器를 진열해 놓았는데, 그 중 하나가 이상한 술독•이었다.

즉, 그 술병이 텅 비어있을 때는 비스듬하게 기울어져 있다가도 술

• 『순자』라는 책의 「유좌」편에 의하면, 〈유좌〉라는 그릇은 텅 비어 있을 땐 한쪽으로 기울고, 알맞게 차면 똑 바로 서며, 가득 차면 엎어지게 설계된 것인데, 역대 군주가 자신의 오른 쪽에 두고 스스로를 경계하였다고 한다.

을 반쯤 담으면 바로 선다. 그러다 술을 가득 채우면 다시 엎어지는 그야말로 이상한 술독이었다. 하루는 공자孔子가 제자들과 함께 그 묘당을 찾았는데 박식博識했던 공자도 그 술독만은 알아볼 수 없었다. 모르면 묻는 게 예禮라고 가르쳤던 공자는 담당 관리에게 술독의 원리를 듣고 나서 무릎을 쳤다고 한다.

"아! 저것이 그 옛날 제환공齊桓公이 의자 오른쪽에 두고 '가득 차는 것을 경계'했던 바로 그 술독이로구나!" 평소 궁금증이 많았던 공자는 제자들을 시켜 물을 길어 그 술독에 직접 붓도록 지시했다. 과연 비스듬히 세워져 있던 술독이 물이 차오름에 따라 똑 바로 서고, 이어 더 채우게 하자 술독이 엎어져 물이 모두 쏟아지는 게 아닌가. 이를 확인한 공자는 다음과 같이 말했다.

"공부工夫*도 이와 같은 것이다. 다 배웠다고(가득 찼다고) 교만驕慢을 부리는 자는 반드시 화禍를 당하는 법이니라." 집에 돌아온 공자는 똑같이 생긴 '이상한 술독'을 만들어 의자 오른쪽에 두고는 스스로를 가다듬었다고 한다. 이처럼 원래 공부의 의미는 오늘날처럼 글로만 가지고 하는 것이 아니었음을 알 수 있다. 공직에 임하거나 노동운동에 임하는 것 등도 모두 공부였던 셈이다.

그런 의미 즉, 공부라는 관점에서 '좌우명'을 고려하면, 어떤 사람이라도 최소한의 좌표인 좌우명은 설정하고 있음을 엿볼 수 있다. 그것이 가벼운 경구가 되었든 무거운 경구가 되었든 관계없이 말이다. 그렇다면 우리는 기존의 암묵적으로 이뤄지고 행해져 왔던 무체적無體的

---

* 공부는 단점보다는 장점이 주로 부각된다. 대표적으로 두 가지를 꼽고 있는데, 예컨대 무식한 사람이라도 공부를 하면 수준 높은 사람이 되고, 수준 높은 사람이 공부를 하면 겸손해진다는 것이 그것이다.

인 경구에서 벗어나 진실로 '지나치지 않고 모자라지 않는 공부'는 과연 어떻게 설정되어야 하는 것일까.

공부는 계속되어야 한다. 그것이 자신을 위한 것이라면 한 가정을 튼실하게 할 것이고, 정치와 사회를 위한 것이라면 우리 모두의 안녕을 위하는 길이 될 것이기 때문이다. 그런 의미에서 삶의 와중에서 빈번히 나타나고 맛 볼 수 있는 좌절을 공부의 한 방편으로 삼아 이를 극복하려 한다면, 멀지 않아 우리사회는 보다 투명하고 활기찬 기운이 확~ 드리워지지 않을까 싶다.

003

축구에 미친 나라!

월드컵으로 거의 광란의 나날*을 보내고 있다. 언론부터 시민은 물론 공직사회 내의 정서도 크게 다르지 않다. 뭐든 축구코드다. 축구 성적이 좋으면 마치 나라가 당장 선진국이 될 것처럼 호들갑들을 떤다. 웃기지도 않는다. 일부이긴 하지만 남미의 몇몇 나라와 아프리카의 몇몇 나라들도 그럼 가치가 덩달아 높아진단 말인가?

스포츠는 그 자체로 존중되어야 할 종목이다. 물론 일부 스포츠마케팅을 통해 경제적 가치를 높일 수는 있다. 또한 후진사회가 선진화하는데 일정부분 이미지 제고에 도움이 될 수 있는 것도 사실이다. 그러

* 남아공 월드컵으로 한창 때인 6월 말, 대한민국은 그야말로 축구에 올인한 형국이었다.

나 경제가 튼실할 뿐 아니라 지속적인 경제적 안정을 통한 상품 이미지가 존재하지 않는 한 선진화는 불가능하다.

그런 점에서 프로중심의 스포츠에서 아마추어(생활체육) 중심으로 시급히 전환할 필요가 있다. '아는 것은 좋아하는 것만 못하고, 좋아하는 것은 즐기는 것만 못하다'*고 하지 않는가. 더 이상 지나쳐선 곤란하다. 함께 즐기는 정도로 가야 한다. 수준 낮게 결과중심으로 접근하는 태도는 혹세무민惑世誣民**의 전형일 뿐이다.

얼마전, 축구강국과 경제에 관한 논의가 활발히 전개된 바 있다. 특히 유럽의 축구강국들 가운데 급격히 떠오르는 나라들인데, 이른바 PIGS로 불리는 포르투갈, 이탈리아, 그리스, 스페인 등이 주요 논의의 대상 국가들이다. 쉽게 얘기하면 재정건전성이 매우 취약하다는 점이 공통점인데 한마디로 사실상 망한 나라들이다.

그렇다면 축구실력이 그토록 뛰어난데 왜 나라는 망해가고 있는가. 사정이 이러함에도 스포츠 강국이 되면 경제적 가치가 얼마가 된다는 등 허풍을 떠는 것은 문제다. 국민들도 이에 질세라 함께 놀아나서는 곤란하다. 미국, 중국, 일본 등이 축구 강국이 아니라고 하여 경시하는 나라가 몇이나 되는가. 통찰해야 한다.

모두에 언급했지만 축구와 경제는 일부 스포츠마케팅쪽을 빼고는 직접적으로 관련이 없다. 또한 국격國格과 스포츠가 비례하면 시너지 효과가 가능한 것도 사실이다. 문제는 국격에 기반한 경제적 안정이

---

* 『논어』, 「옹야」 : 知之者不如好之者 好之者不如樂之者.
** 세상을 어지럽히고 백성을 미혹하게 하여 속임을 뜻함.

  생 활 철 학 에 세 이

다. 하루아침에 국격이 오르지 않는 만큼, 끊임없이 연구개발을 통해 재정건전성을 확실하게 구축하는 일이다.

속된 말로 굶어죽는 사람이 속출하고, 망하는 기업이 줄을 이으며, 더 나아가 나라 또한 망해간다면 16강, 8강이 무슨 소용이 있겠는가. 사람의 본질은 보지 못하면서 오직 경제적 가치만을 가지고 논하는 한, 문화민족으로서의 선진국은 없다. 오히려 축구를 통해 후진국과 더불어 잘살 수 있는 연구를 선행하는 편이 낫다.

정치의 근본 목적 가운데 두 가지 요소가 있다. '도덕의 확립'과 '경제'다. 도덕은 정신적 삶을, 경제는 물질적 삶을 풍요롭게 한다. 두 가치가 모두 중요하지만 도덕을 중시하는 것이 보다 중요하다. 때문에 먼저 잘 먹고 잘 살게 하여 가르치는 것이다. 금수禽獸와 다르게 사람의 존재는 그 자체가 본질이자 당위이기 때문이다.

004

폭력의 상호관계를 어떻게 볼 것인가?

 라이오스와 오이디푸스!

테베 왕의 아들인 오이디푸스Oedipus는 아버지를 죽이고 어머니와 혼인할 것이라는 신탁信託 때문에 태어나자마자 버려진다. 코린트의 왕에 의해 거두어져 성장한 오이디푸스는 예언에서 벗어나기 위해 고국을 떠나 여행하던 중 길 위에서 사소한 일로 한 행인과 싸우다가 그를 죽이게 된다. 살해당한 사람이 그의 아버지인 라이오스Laios 왕이지만 그는 그 사실을 까맣게 모르고 산다.

테베의 사람들을 괴롭히던 괴물 스핑크스의 수수께끼를 맞춤으로서 스핑크스를 죽게 하자, 감사의 표시로 테베 주민들은 오이디푸스를 왕

으로 맞아들이기로 선포하고, 오이디푸스는 여왕인 이오카스테Iocaste
와 혼인한다. 신탁은 실현되었다. 태평을 구가하던 테베가 페스트가
창궐하여 많은 사람이 죽자, 그는 신이 분노하여 그렇다고 생각하고
라이오스의 살해자를 찾기로 결심한다.

그리고 꼼꼼한 조사 끝에 바로 자기 자신이 범인이라는 것을 알게
된다. 엄청난 비극 앞에서 왕비 이오카스테는 목을 매고, 오이디푸스
는 자기 눈을 찔러 스스로 장님이 된다. 그리고 딸 안티고네의 손에
이끌려 광야를 헤맨다. 모든 것을 다 가진 것으로 여겨졌던 오이디푸
스는 모르고 있던 사실을 알게 됨으로써 한 순간에 운명이 뒤바뀌어
왕에서 눈 먼 거지 신세로 떨어졌다.

폭력의 상호관계!

『오이디푸스』의 저자인 소포클레스는 오이디푸스에게 욕망과 의혹
의 모든 행위들 중에서 어떤 점이 아버지와 동질적인가를 확인하려 한
다. 오이디푸스가 파멸을 초래하게 될 수사rhetoric에 대해 무분별하게
접근하는데, 그것은 왕국의 어디엔가 암살자, 다시 말해 테베의 왕권
과 이오카스테Iocaste의 침대를 차지하고자 하는 또 다른 남자가 숨어있
다는 주장이 부친과 동일한 구조를 확인한다.

결국 오이디푸스가 라이오스를 죽이지만 애초에 오이디푸스를 죽이
려 했던 사람은 바로 라이오스였으며, 친부 살해의 현장에서 오이디푸
스를 향해 먼저 팔을 올린 사람도 라이오스였다. 구조적으로 이 친부
살해는 상호폭력에 해당된다. 보복의 세계에서 이것은 하나의 보복일

뿐이다. 소포클레스가 해석하는 바대로 오이디푸스 신화 속에서 모든 남성들의 관계는 상호 폭력의 관계를 띠고 있다.

이를테면 '신탁에 의해 영감을 받은 라이오스는 오이디푸스가 테베의 왕위와 이오카스테의 침대 사용권을 빼앗길까 두려워 폭력으로 내쫓는다' '신탁에 의해 영감을 받은 오이디푸스는 라이오스를 다음은 스핑크스를 폭력으로 물리친 다음 그 자리를 차지한다' '신탁에 의해 영감을 받은 오이디푸스는 자신의 자리를 차지하려고 꿈꿀지도 모르는 또 다른 어떤 남자의 파멸을 계획하는 것' 등이다.

이성의 기능으로 돌파할 때!

다시 간략하게 라이오스와 오이디푸스의 관계를 보면, 상호 대립하는 '폭력관계'임을 알 수 있다. 분노한 오이디푸스는 경쟁자를 탈신비화demystifier 하려고 온갖 계책을 만들어 낸다. 일례로 가짜 예언자에 불과하다는 것을 증명하여 왕권과 이오카스테 침대의 사용권을 지속하려 애쓴다. 폭력의 한 단면일 따름이지만 주저하지 않는다. 폭력은 가족 뿐만 아니라 사회에서도 그대로 적용된다.

권력을 취하기 위해 온갖 악랄한 방법들이 동원되는 것을 보라. 도덕과 윤리 따위는 아랑곳 없다. 자신의 존재만 부각시키기 바쁠 뿐, 상대를 배려하려는 자세는 좀처럼 찾아보기 어렵다. 무엇이 이토록 졸렬한 사회가 되도록 하는 것인가. 엔트로피법칙entropy law이라 치부하기엔 너무도 각박하다. 이성의 기능function of reason을 인식하여 상생할 수 있는 폭력을 구사하면 어떨까. 너무 한량한가?

나무에선 물水이 오르고, 질병을 막아내기 위해 불火은 내려가기도
한다. 또 물고기가 상류로 향하는 행태는 이성의 대표적 기능들이다.
생명이 있는 모든 것은 이처럼 역행하려 한다. 자연에 순응하면 살고
역행하면 살아남지 못한다고 하는 말은 바로 이성의 기능을 두고 하는
말이다. 순응과 역행이 상호 대립관계이지만 특히 생명력은 이성의 산
물이다. 그러나 역설적이게도 지금은 반역이 필요할 때다.

005

유유상종!

　　〈유유상종類類相從〉이란 말이 있다. 같은 무리끼리 사귄다는 말이다. 물은 습한 곳을, 불은 마른 곳을 선호하듯 빛은 동류의 빛을 선호하고 화합하는 기질이 있으며, 사물은 유사한 사물끼리 호흡하려는 성질이 있다.

　　안연顏淵과 백이伯夷 숙제叔齊*도 공자孔子**의 칭찬 한 마디로 수천 년의 세월동안 덕 있는 사람으로 인식되었다. 파리 따위도 천리마의

---

* 안연은 춘추시대 노(魯)나라의 현인(賢人)을 말하고, 백이와 숙제는 주(周)나라의 전설적인 형제 성인(兄弟聖人)을 말한다. 주나라 무왕이 은나라 주왕을 멸하자, 신하가 천자를 토벌하는데 반대하고 주나라의 곡식을 먹기를 거부하여 결국 수양산에서 굶어 죽었다.

** 중국의 사상가, 최고의 덕을 인(仁)으로 봄. 인에 대한 공자의 정의는 극기복례(克己復禮) 곧 "자기 자신을 이기고 예에 따르는 삶을 인(仁)으로 보았다. 그는 수양을 위해 부모와 연장자를 공손하게 하는 효제(孝悌)의 실천을 중시, 이를 인(仁)의 출발점으로 삼았다.

꼬리에 착 달라붙기만 하면 천리를 갈 수 있는 법인데, 하물며 사람의 덕에 있어서랴!

쉬울 것 같지만 쉽지 않은 유유상종. 아주 작은 문제도 지속적으로 발단되면 결국 화禍로 변하는 정서 속에서 진실로 〈유유상종〉하고 〈이심전심以心傳心〉* 할 수 있는 사람들을 찾아보자. 아주 가까운 곳에서.

* '마음에서 마음으로 전한다'는 뜻으로 어느 날 석가 세존(世尊)이 제자들을 영취산(靈鷲山)에 모아놓고 설법을 하였다. 때마침 하늘에서 꽃비가 내렸다. 세존은 손으로 연꽃 한 송이를 말없이 집어 들어 보였다(염화拈華). 제자들은 세존의 행동을 알 수 없었다. 그러나 가섭만이 그 뜻을 깨닫고 빙그레 웃었다(미소微笑). 그제야 세존도 빙그레 웃으며 가섭에게 "나에게는 정법안장(正法眼藏, 인간이 원래 갖추고 있는 마음의 덕)과 열반묘심(涅槃妙心, 번뇌를 벗어나 진리에 도달한 마음), 실상무상(實相無相, 불변의 진리), 미묘법문(微妙法門, 진리를 깨치는 마음), 불립문자 교외별전(不立文字 敎外別傳, 언어나 경전에 따르지 않고 이심전심으로 전하는 오묘한 진리)이 있다. 이것을 너에게 주마." 하였다. 이렇게 하여 불교의 진수는 가섭에게 전해졌다. 이심전심은 이처럼 말이나 글이 아닌 마음과 마음으로 전하였다고 한데서 유래한다. 불교의 심오한 진리를 깨닫게 해주는 말이다.

김연아 광풍을 어떻게 볼 것인가?

연일 김연아 열풍*이다. 아니 광풍이라 해야 맞을 것이다. 신문 텔레비전은 말할 것도 없고 각종 매체에서도 난리를 치니 광풍이 맞다. 징그럽다. 마치 오늘만 살고 내일은 없을 것처럼 난리다. 무엇이 이토록 열광하게 하는지, 무엇 때문에 이처럼 발광들을 해야 하는지. 올림픽 경기와 무슨 원수라도 진겔까. 아님 상위권에 들지 못하는 나라는 곧 망하기라도 한단 말인가. 1등만 밝히는 수준 낮은 논리들.

---

* 2010년은 이런 저런 운동과 관련한 소식들이 많은 해였다.

생 활 철 학　에 세 이

인재를 알아보는 것도 기술!

막 타오르는 불꽃이나 샘솟아 오르는 물을 보는 것도 기술이 있다고 한다. 그 불꽃이 과연 얼마나 빠르게 기치를 확산시킬 것인지, 샘솟는 물이 과연 얼마나 크고 멀리 확산될 것인지 관찰*만 잘하면 알 수 있다고 한다. 그런 면에서 김연아의 소질을 알아본 류종현과 변성진, 오지연, 오서 코치와 안무가 데이비드 윌슨의 능력은 탁월했다고 할 수 있다. 물론 급히 정점에 도달케 한 것이 문제이긴 하지만.

음악은 감성을 표현하는 도구!

음악(연기예술 포함)이란 사람의 감성을 표현하는 동시에 본성에 기초를 두고 그것을 외부에 표방한다고 한다. 때문에 군자는 도道(정신)를 즐기고 소인은 욕심(물질) 채우기를 즐긴다. 사람이 음악을 만드는 건 그 음악을 통해 수양 또는 성찰을 위해서다. 그럼에도 김연아의 경제적 가치가 1조니 2조니 거의 발광적인 멘트들만 날리는 것을 보면 과연 소인배의 전형이 아님을 누가 말리겠는가.

화평의 경지에 이르면 유음에 머물러야!

아! 김연아!! 최고의 음악(연기예술)은 가장 아름다운 소리를 추구하

* 시(視)와 관(觀)과 찰(察)이라는 말이 있다. 어떤 사물의 움직임을 보통 '시'라 하고, 그것을 자세히 살펴보는 것을 '관'이라 하며, 더욱 자세히 살피는 것을 '찰'이라 한다.

는데 있지 않고 오히려 약간 탁한 저음과 느린 음을 사용함으로써 음을 다 표현하지 않는 유음遺音에 있다고 했거늘, 아쉽게도 정점에 서버렸다. 즉, 지나치게 크거나 지나치게 작거나 지나치게 탁하거나 지나치게 섬세하면 적당함이 아니라 했는데, 그만 넘어서고 만 것이다. 화평和平의 최고경지에 도달하기 전, 약간 소박했더라면.

올림픽*도 사람을 위해서다!

사람이 있고, 경쟁도 있다. 사람이 먼저고 경쟁은 나중이다. 간혹 사람은 멀리하면서 돈만 밝히는 수준 낮은 사람들이 혹세무민 하는 것을 보면 패주고 싶다. 동서고금을 막론하고 사람들은 착한 본성을 발현키 위해 공부도 시키고 경쟁도 도입한다. 그런 까닭에 양생養生**도 하고 감성도 자극하며 때론 정치 도구로도 이용한다. 지나치면 화가 온다. 처음부터 끝까지 사람이 본질임을 잊지 말아야 할 때다.

* 19세기 말 쿠베르탱이 고대 올림피아 제전에서 영감을 얻어, 근대 올림픽을 부활시킴. 이를 위해 쿠베르탱은 1894년에 IOC를 창설, 2년 뒤 1896년에는 그리스 아테네에서 제1회 올림픽이 열렸다. 20세기에 올림픽이 발전함에 따라, 얼음과 눈을 이용한 경기 종목을 다루는 동계 올림픽 등으로 확대되었다. 그러나 쿠베르탱이 기대했던 순수한 아마추어 정신에서 벗어나 프로화 된 올림픽은 많은 문제를 야기하고 있다. 초기 쿠베르탱이 그렸던 정치와 인종, 종교의 벽을 초월하는 르카프 즉 Citius(faster), Altius(higher), Fortius(stronger)가 간절하다.

** 양생(養生)은 참된 인생을 누리게 하는 요체를 뜻한다. 즉 자연에 거역하지 않고 소박하게 살아가는 데에도 도가 있음을 강조한다.

생활 철학 에세이

007

소신이 있어야 오래 간다!

중국 송대宋代에 지어진 것으로 알려진 『태평어람太平御覽』에 다음과 같은 이야기가 있다. 제齊나라에 아름다운 처녀가 있었다. 어느 날 그 처녀에게 두 집에서 청혼이 들어왔다. 그런데 동쪽집의 총각은 인물이 볼 것이 없으나 부잣집 아들이었고, 서쪽집의 총각은 인물이 뛰어나지만 집안이 매우 가난했다.

어느 한 쪽을 선택하기 어려워진 처녀의 부모는 본인의 생각을 알아보자며 처녀에게 물었다. "어느 쪽으로 정하기가 쉽지 않구나. 네 뜻은 어떠하냐? 만일 동쪽 집으로 시집가고 싶으면 오른손을 들고, 서쪽 집으로 시집가고 싶으면 왼손을 들어라." 요즘 아이들에게 이과로 갈래, 문과로 갈래 묻는 것과 유사한 느낌이다.

그런데 딸은 망설이지 않고 두 손을 번쩍 들어 버렸다. 깜짝 놀란 부모가 그 이유를 묻자, 딸은 "밥은 동쪽 집에서 먹고, 잠은 서쪽 집에서 자고 싶어요!"라고 말하는 것이었다. 참으로 영악하기 그지없지 않은가. 소신도 없이 오로지 자신의 잇속만 챙기겠다는 그런 생각으로밖에 해석이 안 되니 환장할 일이다.

얼마전, 잘 나가던 모 단체장이 경질되었다. 본인의 원願에 의한 것이던 아니던 관계없이 뒷담화가 무성하다. 평소 지역주민을 위해 온몸 바쳐 일했는데, 결과가 그게 뭐냐는 볼멘소리들이 나오는가 하면, 공직자로서 소신과는 상관없이 오로지 자신의 잇속만 챙기려 들다가 그렇게 되었다는 등 별별 이야기가 다 나온다.

그래선지 갑자기 〈동가식서가숙東家食西家宿〉 고사가 떠오른다. 물질을 무시할 수 없으니 부자 집인 동쪽 집에서 그것을 채우고, 실질적으로 마음에 드는 녀석은 서쪽 집에 있으니, 그 녀석과 즐기겠다는 그런 얘기. 한 마디로 몸은 단체에 있으나, 실질적으론 또 다른 단체로의 지향이 그런 결과를 가져온 건 아닌지 싶다.

예나 지금이나 삶의 방식은 크게 달라진 게 없어 보인다. 그 삶의 양태가 좀 다르다고 할 수는 있지만 정서는 그대로다. 그래선지 어느 누가 〈동가식서가숙〉 하려는 사람에게 돌을 던질 수 있겠냐는 얘기들이 나오는 이유다. 한 마디로 모두가 흙탕물 속에서 살아가는 존재들인데, 옳고 그름을 따져 뭐하겠냐는 것이다.

그러나 군자는 위(정신)로 통달하고, 소인은 아래(물질)로 통달한다•는

• 『논어』, 「헌문」 : 君子上達 小人下達.

  생 활 철 학 에 세 이

옛말을 상기할 필요가 있지 않을까 싶다. 공직자는 예나 지금이나 군
자다. 군자는 이름만 걸어두는 그런 존재가 아니다. 군자의 정신이 곧
'시대정신'이기 때문이다. '시대정신'이 반영될 때, 나라가 건강하다.
소신을 가져야 한다. 지금 바로 여기에서.

008

성, 살려는 마음이다!

성性을 우리말로 풀이해 보면 '살려고 하는 마음'이란 뜻이다. 마음心과 삶生을 함께 붙여 놓은 것이니 해석이 그럴 듯하다.

예로부터 '천문이 열리고 닫히는 것은 암컷이 담당天門開闔能爲雌乎'한다. 여기서 암컷의 천문이 열리면 느낌이 최상으로 되기 때문에, 그 암컷들은 수컷을 유인하기 위해 몸에서 온갖 호르몬 같은 물질을 대량 방출한다고 한다. 이때 동류의 수컷들은 이를 기점으로 암컷에게 모두 접근한다고 한다. 물론 예나 지금이나 이런 현상은 별로 달라진 게 없단다.

오래전, 사람도 이와 유사했다고 한다. 그러나 사회활동을 하면서 사람들은 이러한 천문의 열리고 닫히면서 생겨나는 각종 기능들이 일상에 부적합해지면서 자연스럽게 퇴화되었다고 한다. 특히 사람들은 무엇보다 쾌락을 중시하면서부터 기능의 상실은 물론 느낌이 대폭 감소되었다고 한다. 그래서인가. 사람들은 천문이 열리든 말든 때와 장소를 불문하고 덤비기 바쁘다.

네비Navigation를 사용하면서 지형과 지물 인지능력이 대폭 상실되고 있다는 보도가 자주 매스컴에 등장한다. 필자도 예외가 아니다. 얼마 전까지 네비 없이도 서울의 복잡한 도로와 지형지물을 꿰고 살았는데, 어느새 네비가 없으면 떠나기 두려워졌고, 각종 신호와 센서들(특히 각종 단속)을 일일이 네비에 맡기고 있는 실정이니 영락없는 길치다.

과거 수년간 전문 화물차(25톤 트레일러와 15톤 덤프트럭 등) 운전자로 활동하였지만 어느새 길치라니 한 숨만 나올 지경이다. 그야말로 밥만 먹으면 운전대를 잡던 필자가 이제 고속도로 어느 곳에 뭐(신호와 과속, 과적 단속 장비 등)가 있고, 어느 도로가 어떻게 연결되어 있는지조차 그려지지 않는다. 그저 머리 속이 휑할 뿐이니 길치가 확실한 셈이다.

얼마 전까지 공중전화기 앞에서 장사진을 치던 우리 사회가 언제부턴가 핸드폰을 지니고 사는 시대가 되었다. 기술의 진보 속도가 그것의 이용 속도보다 빨라진 요즘, 사용방법을 다 익히기도 전에 새로운 모델들이 쏟아져 나온다. 잠시라도 정신 줄을 놓기라도 하면 급격한 변화의 물결에 침몰되고 말 것처럼 우리는 정보화 시대의 한 가운데에 있다.

핸드폰이 대중화되기 전, 우리는 어지간한 전화번호 수십 개 정도는 머리 속에 있었다. 그리 쓸모가 없던 복잡한 숫자도 머리 속에서 척척 쏟아져 나왔다. 그러나 전화기의 단축키라든가 저장하였다가 불러내 사용하는 사이 가까운 친지의 전화번호는 물론 자신의 집 전화번호도 떠오르지 않을 때가 많다. 각종 아이디와 비밀번호는 더 말할 것도 없다.

　어느덧 사회생활의 급속한 진보가 아이러니Irony하게도 사람들의 삶의 질을 오히려 퇴보시키고 있다. 그렇다고 지금 당장 역으로의 삶을 추구하자는 것은 아니지만 과연 우리네 현재 삶의 방식에서 드러나고 있는 여러 낭패狼狽*들을 어떻게 이해하며 살 것인지 고민은 해야 하는 시점이 아닐는지 싶다. 무엇이 삶의 본질인지 찾아봐야 하는 그런 시간들.

　성性, '살려고 하는 마음'이라고 모두冒頭에서 밝혔다. 모든 것이 살려고 하는 마음에서 비롯되는 이 같은 사회현상을 어떻게 할 것인지 찰미察微**할 때가 아닌지 싶다. 인간의 삶의 본질이 성性에 있듯 우리가 어떻게 살아야 하는지를 성찰해야 한다. '지금 바로 여기'에서 정신의 끈을 찾는 작업과 실천만이 느낌을 바로 하고 제대로 된 삶을 사는 방도가 될 것이다.

---

* 계획한 일이 실패로 돌아가거나 기대에 어긋나 매우 딱하게 됨을 뜻함.

** 중국 진나라 때, 여불위에 의한『여씨춘추』에 나오는 말로 '작은 부분을 잘 살펴야 함'을 뜻한다. 흔히 조짐이란 의미로 쓰이기도 하는데, 검찰의 찰과, 경찰의 찰이 모두 같은 의미에서 비롯된 말이기도 하다. 작은 부분을 잘 살펴야 큰 부분이 건강할 수 있다는 의미다.

생 활 철 학　에 세 이

009

왜 따지는가?

장자莊子*가 꿈에 나비가 되어 날고 있었다. 나비로 만족하며 훨훨 날던 장자는 전혀 자신이 장자인 줄 몰랐다. 갑자기 꿈에서 깨어난 후, 자신이 나비가 아니었음을 깨달았다. 놀란 장자는 나의 꿈에 내가 나비가 되었던 것인가? 아니면 나비의 꿈에 나 장자가 되어 있던 것인가? 나비와 장자는 분명 차이가 있을 터인데 대체 알 수가 없다.

꿈에서 깨어난 후, 자신이 장자라는 것을 인지한 장자. 그렇다면 장자는 또 다른 꿈속의 장자일 수는 없을까? 또 다른 세상에서의 삶의

---

* 중국의 제자백가(諸子百家) 중 도가(道家)의 대표적 사상가 중 한 명. 도(道)를 천지만물의 근본원리라고 보았다. 장자는 도가 어떤 대상을 욕구하거나 사유하지 않으며(無爲), 스스로 자기존재를 성립시키며 절로 움직인다(自然)고 보았다. 일종의 범신론(汎神論) 사상가이다.

과정 속에서 잠시 꿈을 꾸고 있는 장자를 떠올려 볼 수도 있지 않을까! 작은 봉우리를 하나 오르면 더 큰 봉우리가 보이듯 의식의 한계는 무한 확장된다. 그래봤자 자연에서 보면 티끌만한 존재일 뿐이지만.

특정인의 사진이 한 장 있다고 치자. 그 사진 속의 인물이 진위 논란에 빠질 때, 우리는 어떻게 하나? 실제 인물과 대조하여 진위를 판단한다. 그렇다면 우리의 현 존재(실존)는 어떻게 진위를 판단해야 하는 것일까? 동일한 경우, 또 다른 무엇인가를 가지고 우리의 존재를 확인하는 과정을 거쳐야 하는데 이게 쉽지 않다.

그런데 왜 따지는가? 꿈에서 나비가 되어 날아다니다가 꿈에서 깨고 나니 꿈이었음을 알았으면 그만이지. 뭘 더 따지는가? 사진 속의 인물이 진짜면 어떻고 가짜면 어떠한가. 시시콜콜하게 진위의 확인과정을 거쳐야 꼭 직성이 풀리겠는가. 우리는 언제쯤 이런 수준 낮은 현상적 문제에서 벗어날 수 있을까?

해가 뜨고 바람이 불고 나비가 나는 것 등 모두가 자연이다. 특정인의 사진이나 우리의 삶 또한 자연이다. 분간할 필요 없다. 묻거나 따질 필요도 없다. 그럼에도 요즘 사람들은 무엇이든 따지고 분간하고 맞거나 틀리다는 식으로 사물을 구별해 취사선택한다. 그래선가. 가끔 고루해지고 모순된 삶을 자학하게 되는가 보다.

010

누구나 무엇이든 쓸모는 있는 법!

"난초가 깊은 숲에 살지만 사람들이 없다고 해서 그 특유의 향기를 내 뿜지 않는 것이 아니듯, 재능과 능력 있는 사람이 우리의 세상 속에 함께 살지만 그 사람들이 자신을 알아주지 않는다고 하여 이바지하지 않는 것도 아니다."•

아무리 하찮은 미물일지라도 쓸모는 있는 법이다. 따라서 우리는 그 가치의 발현이 다소의 '결과'만을 가지고 평가되는 것은 적절치 않다. 어떻게 살았냐? 하는 '과정중심'의 삶을 통해 모든 것이 평가된다는

• 芷蘭生於深林 非以無人而不芳, 才者生於衆林 非以無知而不供. 참고로 芷蘭生於深林 非以無人而不芳은 『순자』에 나오는 문구이고, 才者生於衆林 非以無知而不供은 필자가 직접 쓴 것이다.

사실을 잊지 말아야 한다.

무식하면 약이 없다! 변화를 도모하라!

공자가 일찍이 "뜻만 크고 바르지 않으며, 무지하면서 두려워하지 않으며, 무능하면서 진실 되지 못한 사람은 내 그런 사람은 알 수 없다."•고 했는데, 가만히 보면 주변에 이런 사람이 자주 등장한다. 심히 유감이 아닐 수 없다. 그것도 천하를 마치 자기 수중에 있는 것처럼 행세하며 떠돌고 있으니 우습기 짝이 없다.

사물이 극하면 반전하는 법. 궁하면 변화를 도모하라고 하지 않던가. 그것이 모두를 살리는 지름길이기 때문이다. 이는 "변화에 응하면 통하고, 통하면 오래 지속될"••수 있다는 말이다. 끊임없이 변화의 패

• 「논어」, 「태백」: 狂而不直 侗而不愿 悾悾而不信 吾不知之矣.
•• 『주역』에 궁즉변 변즉통 통즉구(窮則變 變則通 通則久)라는 말이 있다. 궁하면 변화를 도모하고, 변화를 도모하면 통하며, 통하면 오래간다는 의미다.

러다임 속에서 고민하고 매달리지 않으면 영원히 궁함의 굴레에서 벗

어나지 못한다는 사실을 각성해야 한다.

012

중용의 도!

무용지용無用之用, "쓸모없는 것이 쓸모 있다."는 말이다. 예컨대 반듯하고 곧게 자란 나무는 목수의 눈에 잘 띄어 오래가지 못하고 일찍 잘릴 일이 많다. 그러나 쓸모없이(목수의 눈에) 제멋대로 자란 나무는 오히려 잘 자라 후일 거대한 나무로 성장하여 만인의 쓸모 있는 나무가 되는 수가 많다.

잘 우는 오리와 울지 못하는 오리가 있었다. 손님을 대접하기 위해 주인이 하인에게 오리 한 마리를 잡을 것을 명했다. 하인이 어떤 오리를 잡아야 하나 고민 끝에 주인에게 물었다. "어떤 오리를 잡을까요?" 주인은 울지 못하는 오리를 지목했다. 울지 못하는 오리가 오라냐는 의미다.

곧게 자란 나무가 일찍 잘리는가 하면, 역할을 못하는 오리가 일찍 희생을 당하듯 우리네 인생살이도 이와 흡사하다. 중용中庸을 지킬 때다. 중용은 죽어야 할 땐 죽는 것이요, 살아야 할 땐 사는 게 중용이다. 죽어야 할 때 사는 것은 치욕이요, 살아야 할 때 죽는 것은 개죽음이기 때문이다.

명분과 실리, 모두가 중요한 가치다. 그러나 명분 없는 싸움이 존재할 수 없듯, 실리 없는 싸움 또한 존재할 수 없다. 때론 명분을 위해 목숨도 불사하지만, 실리를 위해 한 발 물러서는 지혜도 필요하다. 광狂적인 체, 견狷적인 체*하는 것은 아무 쓸모가 없다. 진실로 건강하고 강해야 한다.

---

* 광자는 이상주의자를 뜻하고 견자는 고집불통을 의미한다. 도(道)의 세계에 진입하기 위한 광자와 견자는 수준 높은 삶이라 할 수 있다.

생 활 철 학 에 세 이

무엇이 될 것인가?

주객主客과 본말本末이 있다. 주主와 본本이 될 것인가? 아니면 객客과 말末이 될 것인가? 그것이 문제로다. 일찍이 불교에서는 사람이 밥을 먹을 때, 먹어주면 주主나 본本이 되고, 먹기 위해 머리나 허리를 숙이면 객客이나 말末이 된다고 설명한 바 있다. 쉬우면서도 매우 설득력 있는 이야기다.

이런 이치를 통해 우리가 얻을 수 있는 지혜는 무엇일까. 역시 주나 본이 무엇이 되어야 할 것인지를 일깨워 주는 것이 아닐까. 주변 혹은 메스미디어를 통해 주객이 전도된 모습들이 자주 목격된다. 과다한 부동산 보유나 고급 승용차 혹은 애완동물에 대한 지나친 사랑 등 주와 본을 잃어버린 행태들은 수도 없이 많다.

모두가 인간의 삶의 질을 위해 필요한 것들임에도 과도한 부동산으로 인해 객과 말이 되는가 하면 고급 승용차나 애완동물로 인해 주객과 본말이 전도되는 현상이 비일비재하게 일어난다. 이로 인해 사회는 혼란을 거듭하면서 인간의 심성이 본래 그런 것처럼 착각하게 함으로서 너나없이 배금주의에 빠져들게 한다.

예로부터 갈등은 빈부가 극단으로 치달을 때 비롯된다고 하지 않던가. 거리에 실업자와 기근에 시달리는 사람이 부지기수임에도 기득권층은 눈 하나 깜짝 않는다. 속된말로 경제만 살리면 된다고 포장하기 바쁘다. 완전 본말이 전도되었다. 온갖 악적 요소를 빙산의 일각으로 치부하면 공멸한다는 것을 왜 모르는가.

아놀드 J. 토인비Arnold J. Toynbee(1889~1975)의 도전과 응전의 역사를 들먹이지 않더라도 지금 외부에서 우리에게 도전하는 세력은 수없이 많다. 언제까지 내부갈등을 조장하고만 있을 것인가. 무엇이 주主고 무엇이 본本이 될 것인지를 우리 모두는 확실히 명심해야 한다. 우리는 예로부터 지혜로운 사람들로 정평이 난 민족이지 않은가.

정精과 신神이 분리된 사회치고 무너지지 않은 나라가 없다. 진실로 정신이 하나로 합일될 수 있도록 끊임없이 노력해야 한다. 그리고 너와 내가 하나 될 수 있도록 진정으로 양보와 배려의 마음을 실천해야 한다. 결국 '우리'라는 가치가 자연과 합일 동화되어야 주主와 본本을 강건하게 유지할 수 있다.

다시 말하면 본말本末이 전도된 사회는 후진사회다. 과거 남미가 그랬고 가까운 동남아의 여러 나라가 그랬다. 앞선 마차가 벼랑으로 떨어진 길을 우리도 따라 벼랑으로 떨어질 것인가. 아니면 벼랑으로 떨

     생 활 철 학 에 세 이

어진 마차를 보고 경계하며 피해갈 것인가. 눈을 크게 부릅뜨고 무엇
이 주主와 본本인지 눈여겨 볼 때다.

014

기망은 오래가지 못한다!

법률용어 가운데 〈기망欺罔〉이라는 말이 있다. '허위의 사실을 말하거나 진실을 은폐함으로써 상대방을 착오에 빠지게 하는 행위'를 뜻한다. 그러나 철학용어로 쓸 때, 〈기欺〉는 남을 속이더라도 매우 '논리적'으로 속임을 의미하고, 〈망罔〉은 '터무니없이' 속이는 것을 뜻할 때 쓴다.

말하자면, 정치권에서 유권자들의 표를 의식, '논리적'으로 사람들을 속이거나 하는 것을 〈기欺〉라 이른다면, 돈놀이 하는 사람들의 전형처럼 일컬어지는 현상 가운데 하나인 예컨대 1억을 맡기면 5백만 원씩 월 이자로 주겠다는 식의 '터무니없는' 속임을 〈망罔〉이라 이를 수 있다.

이상한 일이지만 '논리적' 속임이든 '터무니없는' 속임이든 요즘 세상에 둘 다 잘 통한다는 사실이다. 모두가 어리석거나 물질에 눈이 먼 탓이 아닐까. 경위야 어떻든 남을 속인다는 입장에서 보면 기欺든 망罔이든 둘 다 악의적이라는 점에서 비판을 면키 어려운 것은 말할 것도 없다.

반면 〈정직正直〉은 〈성실誠實〉•이라는 덕목과 함께 예로부터 생명력이 있다. 물론 때때로 이 〈정직〉의 가치가 시대에 뒤 떨어지고 미련해 보이며 천박한 가치로 비춰지는 것도 사실이지만 끊임없이 은미하게 그 빛을 발하는 것은 역시 선량한 다수의 자양분이 되기에 충분하다.

특히 〈정직〉에서 비롯되는 덕德을 논할 때, "덕이 있는 사람은 외롭지 않고 반드시 이웃이 있다."••는 말을 하지 않는가. 과연 그른 말이 아니다. 이것이 정직의 본질이자 부가가치다. 외롭게 늘 멀리서 존재하는 것 같지만 그 힘은 여전히 침묵하는 다수의 기반이 되고 있다.

온갖 〈기망欺罔〉과 〈이벤트event〉를 통해 사람들을 현혹하고 이미지를 제고하려는 사람들이 주변에 부지기수로 널려 있다. 그러나 어떤 형태로든 '속임'은 결코 오래가지 못한다는 사실이다. '지금 바로 여기'에서 사람의 길을 가고 있는지 금수禽獸의 길을 가고 있는지 성찰할 때다.

• 인물을 평가한다는 것은 매우 어려운 일이지만, 간단히 확인할 수 있는 방법이 '정직'과 '성실' 두 가지 덕목이 있다.

•• 『논어』 「里仁」 : 德不孤 必有隣

015

거짓말 잘하는 인사들

오래전 우리네 정서는 사람이 말을 하면 그의 행실에 대해 믿음을 가졌다고 한다. 그러나 일부의 못 된 사람들이 말과 행실을 달리하는 일이 거듭되자 차츰 신뢰가 떨어졌다고 한다. 때문에 사람들은 말을 들으면 곧 그의 행실을 살피기 시작했다고 한다.

그리스 신화에 '프로크루스테스'라는 도둑놈 이야기가 있다. 이 녀석은 나그네를 죽일 때, 반드시 자신의 침대에 눕혀서 침대보다 길면 잘라서 죽이고, 짧으면 늘려서 죽인다는 이야기로 기술되어 있다. 여기서 비롯된 말이 이른바 '프로크루스테스의 침대'다.

'시니스'라는 도둑놈 이야기도 있다. 이 녀석은 사람을 죽여도 꼭 두 그루의 소나무를 휘어 밧줄로 고정하고 거기에 사람을 묶고 밧줄을 끊음으로써 찢어 죽인다는 이야기다. 그렇다면 '프로크루스테스'나 '시니스'와 같은 도둑놈을 처단해야 할 때, 어떤 방법이 있을까.

불행한 일이지만 정의의 사도 '테세우스'가 있다. 테세우스는 그들의 행태와 동일하게 해서 죽인다. 말하자면 상황을 동일하게 하여 유감이 없도록 자르거나 늘리거나 찢어 죽이는 것이다. 이에는 이, 주먹엔 주먹으로 대응하는 요즘 정세와 흡사하다고나 할까.

성서에 "너희 진주를 돼지에게 주지 말라"는 이야기가 있다. 미련한 돼지는 진주의 가치를 제대로 모른 채, 그저 자기를 해치려는 것으로만 알고 상대를 의심하고 공격한다는 것이다. 자기 입장에서만 상대를 바라보니 눈과 귀가 어두워지는 것은 당연지사다.

시도 때도 없이 자기 입장에서 말을 바꾸는 인사들이 수를 헤아리기 어려울 만큼 많다. 무엇이 본질이고 무엇이 말단인지 구별하지도 못하면서 금수와 같이 날뛰기만 한다. "말은 행실의 표면이고, 행실은 곧 말의 실상"*이라 하지 않던가. 언행에 유의할 때다.

* 『논어』, 「선진」 : 言者行之表 行者言之實.

016

조짐과 시 · 관 · 찰

〈조짐兆朕〉, 즉 좋거나 나쁜 일이 생길 기미를 뜻한다. 화기火氣를 막으려고 세로로 세웠던 숭례문 현판은 떨어지고 해치가 버티고 있던 광화문은 새롭게 재건한다고 헐어둔 상태에서 '화火의 기운이 청와대로 직격하면 어쩌나' 하는 우려의 마음을 버리지 못했는데, 어느새 1년이 되어 간다.*

그 사이 우리는 격변의 시대를 맞이하고 있다. 지난 무자년戊子年의 대체를 보면, 미국산 쇠고기 수입으로 날을 새기 시작하더니 결국 미국발 금융사기로 마감하고 말았다. 모두가 본질을 회피하고 말단적인

* MB정부 들어선지 1년이 되어가는 사이 우리나라는 우여곡절이 적지 않았다.

생활철학 에세이

것에 혈안하는 사이 국력이 허약해진 결과다. 극하면 반전한다고 하지 않는가. 당연한 결과다.

옛 말에 〈시視〉와 〈관觀〉과 〈찰察〉이라는 말이 있다. 어떤 사물의 움직임을 분석할 때 흔히 쓰던 말이다. 사물의 움직임을 보통 〈시〉라 하고, 그것을 자세히 살펴보는 것을 〈관〉이라 하며, 그것을 더욱 자세하게 살피는 것을 〈찰〉이라 한다. 그런 의미에서 경찰의 〈찰〉과 검찰의 〈찰〉을 쓰는 검경은 정신 차려야 한다.

동양에서 정치를 언급할 때, 주로 '바르게 하는 것'을 정치라 했다. 굽은 것을 바르게 하는 것, 그것을 정치라 하는데 왜들 그렇게 바로잡지 못하는 것일까. 답은 간단하다. 다수의 굽어있는 자들이 자리를 차지하고 있기 때문일 것이다. 굽은 자들이 어떻게 시와 관과 찰을 제대로 할 수 있겠는가.

『주역』에 '간단하고 쉬워야 잘 따를 수 있다'고 했다. 문제를 꼬아놓고 쉽게 풀리길 기대하는 것은 어불성설이다. 쉬워야 쉽게 풀리고 쉽게 따를 수 있다. 고위 공직자의 인사 후나 연초의 형식적 '시찰'만 고집할 게 아니라 진실로 〈조짐兆朕〉을 〈시視〉하고 〈관觀〉하고 〈찰察〉해야 우리의 안녕은 되살아날 것이다.

017

우리 사회의 경쟁에 대한 단상

 참 을 수 없 는 존 재 의 가 벼 움!

　참을 수 없는 존재의 가벼움. 밀란 쿤데라의 소설 제목이기도 하다. 그런데 한편으로 보면 현대인들은 참으로 진지하고 무겁게 보인다. 심각할 정도로 진지하고 심각할 정도로 무겁다. 물론 그 진지함의 대상이 다르기는 하지만 여하튼 현대인들은 경쟁競爭에 대한 진지함으로 똘똘 뭉쳐있다. 때론 한 치의 허점도 용납하지 않을 만큼 섬뜩할 정도로 진지하기 짝이 없다.

　경쟁, 그 자체가 꼭 문제가 되는 것은 아니다. 문제는 정신적인 선의의 경쟁 즉 의리義利의 경쟁이 아닌 물질적 경쟁 즉 경제적인 경쟁에만 치우쳐 있다는 게 문제라면 문제다. 예컨대 자신의 육체를 꾸미는 데 있어서의 진지함을 보면 둘째가라면 서러워할 정도다. 우리의 성형외과 의사는 이미 세계적으로 그 기술력을 인정받고 있는 것을 보면 이해하고도 남을 만하다.

하지만 내면을 보면 거의 무게감을 상실해 가고 있다. 알베르 카뮈는 현대인들의 삶을 '시지프의 노동'에 비유한 적이 있다. 무거운 바위를 산 위로 올리면 굴러 떨어져서 다시 올리는 〈시지프의 노동〉 같은 삶이 반복되고 있다는 것이다. 실제로 자신의 존재가 삶의 가치를 얼마나 차지하고 있는지에 대한 진실한 고민은 없이 오직 자신의 행복만을 위해 물질적 경쟁이 지속되는 것은 안타까운 일이다.

요컨대 대학 입학을 위해, 취직과 취업을 위해, 승진을 위해 끊임없이 경쟁에 뛰어 들고 있다. 그러나 이러한 도식으로는 미래의 행복을 보장하기 보다는 오히려 계속 행복이 뒤로 미뤄질 수밖에 없다. 경쟁은 새로운 경쟁을 낳기 때문이다. 시지프의 노동에서 벗어날 수 있는 것은 어디선가 그 악순환의 고리를 끊어야만 한다. 자신의 삶의 대한 성찰만이 거대한 바위로부터 탈출할 수 있다.

의리義利란 무엇인가!

우리의 전통사상은 인간의 도덕성을 신뢰하는 기반위에서 참된 인간의 도리를 사회에 실현하고자 한다. 성선性善에 대한 확고한 신념을 전제로 개인적으로는 지속적인 수양을 통하여 인격을 완성하고, 사회적으로는 평화공존의 〈대동사회大同社會〉*를 지향한다. 이러한 인간의 본질에 대한 올바른 인식과 가치판단을 갖고 구체적인 현실에서 상황에 알 맞는 인간의 도를 실천하고자 하는 것이 의리다.

올바른 의리의 실천을 위해서는 확고한 자기 인식이 전제되어야 한다. 인간의 내면에는 본성에 대한 참된 인식이 자신에 머물지 않고 만인과 소통할 수 있는 보편적 세계가 있기 때문에 타인과의 조화, 더 나아가 만물과 공존할 수 있는 경지로 나아간다. 이러한 상호공존의 존재 근거를 올바르게 인식한 참된 자신은 어느 누구의 자주성도 침해하지 않는다. 의리사상은 공동체 의식이 담겨있는 것이다.

인간은 정신과 육체를 함께 갖추고 있다. 따라서 생리적 차원에서는 〈물질적 가치〉가 도덕적 차원에서는 〈정신적 가치〉가 요구된다. 또한 현실에서는 가치 체험이 동시에 일어날 때, 갈등이 야기되고 가치의 서열과 체계의 문제가 나타나기 쉽다. 그리고 육체적 욕구의 성향에서는 가치의 강약强弱문제가 나타나지만, 도덕적 정신의 성향에서는 가치의 고저高低의 문제가 나타나는 것이 일반적이다.

즉 정신적으로 높은 가치는 일상에서 물질적 욕구가 약하게 체험되기 쉽지만, 낮은 가치는 물질적 욕구가 강하게 체험되는 것이 일반적인 현상이다. 따라서 도덕적으로 바르게 한다는 것은 일상생활 속에서

• 대도(大道)가 행해지던 때 천하는 공공(公共)의 것이었다. 임금이 된 자는 어질고도 유능한 자를 가려서 그것을 전수했다. 신의를 강명(講明)하고 화목하는 길을 닦았다. 그러므로 사람들은 홀로 그 어버이만을 친애하지 않고 홀로 그 자식만을 자애하지 않았다. 늙은이로 하여금 안락하게 수명을 마칠 수 있게 하고, 장년의 사람은 그 힘을 발휘하게 하며, 어린이는 건전하게 자라날 수 있고, 홀아비, 과부, 고아나 자식이 없는 사람, 불구자 등도 모두 충분히 그 몸을 기르게 했다. 남자는 일정한 직분이 있고, 여자는 시집갈 곳이 있었다. 재화(財貨)가 땅에 버려지는 것을 싫어하지만 반드시 자기를 위해서 사사로이 감추지 않았다. 힘이 그 몸에서 나오지 않는 것을 싫어하지만 반드시 자기 한 몸만을 위하지는 않았다. 이와 같기 때문에 간특한 계략이 폐색(閉塞)되어 일어나지 못하고, 도적과 난적(亂賊)이 절멸하여 일어나지 못했다. 때문에 사람마다 대문을 잠그지 않게 되었다. 이것을 대동사회라 일컫는다.

생 활 철 학   에 세 이

물질적 욕구가 강하게 체험되는 가치를 물리치고 정신적으로 높은 가치를 실현하려는 태도가 요구된다. 현실에서 강하게 체험되는 육체적 욕구를 극복한다는 것은 그 만큼 어려운 일이기 때문이다.

현대사회와 의리義利!

정신적 가치인 의義와 물질적 가치인 리利에 대한 가치판단과 선택의 문제는 의리실천의 선결문제다. 따라서 의리사상에서 이 두 가치의 분별을 매우 중시할 수밖에 없다. 이는 의리를 중시하는 가치관에는 물질적 가치가 적당히 충족되어야 하며, 물질을 강조하는 가치관에는 도덕적 가치가 충분히 보충되어야 한다. 이는 의리사상의 궁극적 목표가 바로 '물질세계와 정신세계의 조화'이기 때문이다.

이러한 의리사상의 본질을 무시하고 지나치게 정신적 도덕만을 강조하는 경쟁에 몰두한다면 경제적 실용성을 외면하고 산업발전의 저해요소로 작용할 수밖에 없기 때문에 의리사상의 본질이 될 수 없다. 이와는 반대로 지나치게 물질적인 경쟁에만 몰입한다면 이 또한 고유한 인간성을 상실하고 물질이 인간의 삶의 목표가 되는 가치 전도현상이 일어나 결국 시지프의 노동에서 벗어날 수 없게 된다.

과학기술을 바탕으로 하는 현대사회의 근본적 가치관은 리利을 중심으로 하는 가치의식이 정초되어 있다. 개인과 사회, 국가와 민족의 관계에 있어서도 가장 기본적인 문제는 자신의 이익을 위한 실리추구에 있다. 물질이 극에 달해가는 이른바 경제적 인간관을 이상으로 삼을 정도다. 그러나 이러한 경제적 실리를 중심으로 한 가치관은 동시에 새로운 모순과 갈등으로서의 병리를 유발하기 쉽다.

정신세계와 물질세계의 조화를 지향하는 의리사상에서 두 가치가 대립할 때, 선현들은 정신세계에 더 가치를 두었다. 이는 물질적인 부분에 무가치성을 의미하는 것이 결코 아니다. 경제적 기반의 중요성을 충분히 인식하고 공감하지만 보다 값진 삶을 위해서 도덕적 인격성에 더 비중을 둔 것이다. 이러한 정신의 우선적 가치는 물질이 만능으로 치닫는 현대사회의 제 문제들을 극복할 수 있는 원동력이다.

전인교육全人敎育으로 돌파할 때!

일찍이 다니엘 디포우가 언급한 것처럼, 서양의 문화는 '개인중심'에 의하여 이루어진 것이며, 자연을 정복하여 오직 '나' 하나만을 위한 인간과 그 인간에 적합한 합리주의적 사고를 지향해 나가는 이른바 개체 주의적 문화라 할 수 있다. 이와는 달리 동양문화는 '나'라는 존재에 앞서 '타인'을 배려할 줄 아는 공동체 성격이 강한 농경중심의 문화다. 이는 자연을 대하는 것에서도 확연이 다르다.

개인 중심의 사고는 공동체의 삶을 생각하기에 앞서 타인에게 뒤지지 않으려고 하는 경쟁심리가 당연히 뒤따를 수밖에 없다. 이는 개인 우월의식에서 촉발되는 전쟁과 자연을 정복의 대상으로 삼은 결과, 각종 환경파괴와 오염이 전 지구적 차원의 문제로 나타났다. 자연에 대한 경외심이 강한 동양문화는 이제 문명의 주체가 될 후진들에게 모든 것을 타개해 나갈 수 있도록 전인교육이 필요하다.

우리의 전통사상에서 교육에 대한 이념은 인륜을 밝히는 인간교육과 균형 잡힌 전인교육에 중점을 두어 왔다. 이는 순수한 인간의 본질과 보편적인 인간의 존엄성에 대한 신뢰를 바탕으로 인간의 주체성을 밝히고 정의로운 사회를 실현하려는 이념이다. 즉, 우리의 전통사상이 논리적이고 분석적인 이론과 지식보다는 도덕적인 인격수양으로서의 실천교육에 더 큰 의미를 부여한 것이다.

현대사회에서 성장과 발전이라는 미명하에 과도한 경쟁의 결과, 심하게 손상된 것이 바로 전인교육이다. 이제 더 이상 지식일변도의 교육이 되어서는 곤란하다. 올바른 인격으로 연마된 인간만이 현대문명이 안고 있는 병폐를 극복할 수 있다. 도덕적 심성을 바탕으로 지적 창의성, 예술적 감각, 사회적 공존의식 등이 균형 있고 조화된 인간교육만이 시지프의 노동에서 해방될 수 있을 것이다.

018

숭례문 참사와 관련한 소고

 본질은 인仁!

　몸과 마음 가운데 무엇이 본질인가. 마음이 본질이다. 몸과 명예 가운데 무엇이 본질인가. 몸이 본질이다. 정신과 물질 가운데 무엇이 본질인가. 정신이 본질이다. 얻는 것과 잃는 것 가운데 무엇이 본질인가. 잃는 것이 본질이다. 동動과 정靜 가운데는 무엇이 본질인가. 정靜이 본질이다. 그렇다면 인仁과 예禮 가운데는 무엇이 본질인가. 말할 것도 없이 인仁이 본질이다.

　서울의 이른바 사대문四大門에는 흥인지문興仁之門(동대문)과, 돈의문敦義門(서대문) 그리고 남대문으로 불리는 숭례문崇禮門과 홍지문弘智門(북대문)

이 있다. 그런데 이 사대문의 현판을 잘 보면 인의예지仁義禮智를 한 글자씩 중간에 넣어서 지었음을 볼 수 있다. 즉 동쪽의 문은 인仁, 서쪽의 문은 의義, 남쪽의 문은 예禮, 북쪽의 문에는 지智를 넣은 것이다.

여기서 인의예지仁義禮智 가운데 가장 본질은 무엇이겠는가. 말할 것도 없이 인仁이다. 그렇다면 예禮의 본질은 무엇인가. 바로 인仁이다. 말하자면 남대문으로 불리는 숭례문崇禮門의 본질은 인仁으로 들어가기 위한 절차인 동시에 '타인을 배려하는 마음의 현상'인 것이다. 말하자면 사대문을 드나들 때마다 인仁을 본질로 삼아 의義와 예禮, 지智를 수단으로 삼고자 대문에 새긴 것이다.

숭례문은 현상일 뿐!

지금 우리 사회는 남을 배려할 줄 모른다. 그저 돈이면 최고로 치는 세상이다. 배금주의가 극에 다다르고 있다. 무엇이 본질이고 무엇이 말단인지 알지도 알려 하지도 않는다. 무엇이 똥이고 무엇이 된장인지 일일이 일러줘야 할 판이다. 국가의 최고 지도자부터 본질과 말단을 구분하지 못하고 좌충우돌하기 일쑤이니, 일반 시민들이 흔들리는 것은 어쩌면 당연한 일이다. 한마디로 발광이 아닐 수 없다.

얼마전, 한 노인의 숭례문 방화로 나라가 온통 혼란 속*에 있다. 냄비 근성이 강한 우리네 정서로 보아 곧 사라질 현상이지만, 언론은 물 만난 고기처럼 외곽 때리기에 분주하다. 더구나 정치권은 3년이면 복

* 본 글은 2008년 2월 20일 작성한 것임.

원 가능하다. 경복궁보다 먼저 복원할 수도 있다. 아니다. 시간을 갖고 완벽히 복원해야 한다. 복원이지 복구가 아니다. 국보 1호를 유지할 수 있다. 없다. 성금으로 복원해야 한다. 안 된다. 끝도 없다.

도대체 남대문 즉 숭례문의 본질은 어디에서도 찾아볼 수 없고, 모두가 말단적인 것에 혈안이다. 우리 사회의 현 병리현상을 그대로 노정하고 있는 듯하다. 모두가 본질을 살피지 못한다. 예禮가 들어간 숭례문은 그 규모의 문제가 아니다. 필요하면 복원할 수도, 필요 없으면 MB가 좋아하는 불도저로 확~ 밀어 버려도 그만인 것이다. 마치 서대문으로 불리는 돈의문敦義門이 그 자리에 존재하지 않는 것처럼.

사회적 약자를 돌보는 것이 대용大勇이자 본질!

모두가 말단적인 것에만 몰입해 있는 사이, 우리는 본질인 사람을 보지 못하고 있다. 본질이 사람임에도 비집고 들어설 틈이 없어 보인다. 사람이 마음에 없는데, 그 규모가 크면 뭐할 것이며, 6백 년의 세월동안 자리를 지켰던들 우리에게 무슨 의미가 있는가. 우리는 방화범인 노인이 주장했던 말에 귀를 기울여야 한다. "숭례문은 다시 복구하면 된다."는 그의 말의 본질이 무엇인지 알아 차려야 한다.

예로부터 잘 살고 못사는 것에서 갈등이 비롯되기 보다는, 불평등한 것에서 갈등이 시작된다고 하지 않던가. 현 우리 사회의 병리가 극단을 달리는 것과 무관하지 않다는 점에서 정치 지도자들은 대오각성을 해야 한다. 불났을 때 감지하는 감지기만 거론할 게 아니라 노인의 말이 곧 우리 사회 양극화의 경종으로 받아들여야 한다는 얘기다. 숭례문의 참사는 그것이 본질이 아니라 말단인 것이다.

다시 한 번 강조하면 숭례문은 지나는 사람들에게 그 위용을 뽐내려 지어진 것이 아님을 우리 모두는 자각해야 한다. 국보 1호 숭례문의 본질은 숭례문 그 껍데기가 아니라 '남을 배려하는 마음에서 사랑하는 마음이 생겨난다'는 평범한 진리 그 자체임을 알아야 하는 것이다. 공직이 왜 필요하고, 왜 존재하는지 이 또한 본질을 잊지 않아야 그곳에 사람이 보일 것이다. 처음부터 끝까지 본질은 사람이다.

019

특유의 한류문화를 만들어야!

한국 · 중국 · 일본 민족에 대해 대체를 보면, 우리나라 사람들을 B형, 일본인은 A형, 중국인을 AB형으로 구분하는 경우가 있다. 물리학에서 사인파 곡선 즉 태극의 원리로 설명을 하기도 하는데, 예컨대 우리나라 사람들의 경우 주로 하늘적(정신적)인 성향으로 분류하고, 일본인들은 땅적(물질적), 중국인들을 하늘과 땅의 중간 형태로 설명한다.

이를 통해 본다면, 우리나라 사람들은 '정신'을 매우 강조하고 지향하는 민족임을 알 수 있다. 그래선지 우리나라 사람들은 물질문화를 만들어 내는 재주보다는 철학적 혹은 정치적, 종교적인 문화에 보다 강함을 엿볼 수 있다. 특히 종교적인 성향이 매우 강함을 볼 수 있다.

우리나라의 종교를 보라. 과연 종교의 백화점이라 할만큼 다양하지 않은가?

우리 사회가 오늘날 물질이 판을 치는 이른바 배금주의 사회에 빠져 있긴 하지만 이는 우리 민족의 본질적 성향이라기보다는 일시적 현상으로 보는 것이 올바른 시각일 것이다. 현상론적으로 파악하기 보다는 가치론적으로 바라보면 이해가 쉬울 것이다. 예컨대 우리의 신라와 고려, 조선시대를 통한 〈시대의 정신〉 대체를 보면 쉽게 이해할 수 있다.

한류에 대해서 상품으로 시작해 문화로까지 확대 재생산되는 것으로의 관점도 지금의 현상으로서는 무리가 없어 보인다. 하지만 보다 근본적으로 이를 심화 탐구해 보면, 우리의 기저에 본질적이고 정신적인 소양의 산물이라기보다는 천박한 정신의 산물이 파생된 것으로 보아 단 시간에 걸쳐 사람들의 시선에서 멀어질 수 있다는 점에 유의할 필요가 있다.

말하자면 한류를 지속시키기 위해서는 지금과 같은 말초적이고 극단을 달리는 물질적 상품으로선 한계일 수밖에 없다. 그렇다고 인위적 부양도 어려움을 타개하는데 해답이 되기에 부족하다. 발뒤꿈치를 들고 오래 버틸 수 없는 것처럼 정신없는 문화는 잠시 머물다 가는 유행에 불과하다는 점에서 우리의 정신문화를 깊이 담아내는 작업이 필요하다.

다시 말하면 한류를 지속시킬 수 있는 유일한 방법은 '우리의 정신'을 담아야 한다. 불교가 중국을 통해 전해왔지만 우리는 새로운 불교의 옷을 만들어 입었을 뿐 아니라 일본에 전수함으로서 새로운 한류의 중심이 되었고, 주자학이 중국에서 유입되었지만 조선의 성리학으로 재탄생되어 도리어 중국에 막대한 영향을 끼친 것처럼 우리의 정신문화를 담아야 한다.

왜곡된 면이 없지 않지만 북한의 공산주의 역시 세상의 그 어느 나라보다 강하게 자리하고 있다. 모두가 우리의 정신적 소양이 그만큼 두텁게 깔려 있다는 반증이다. 우리의 정신 즉 혼을 담은 문화를 이 시점에서 만들어내야 한다. 지금의 난국을 남의 탓으로만 여기기엔 내부에 너무도 허물이 많다. 어려운 때일수록 사업을 장기적으로 계획하고 리듬을 타는 지혜가 필요하다.

020

부인이란 말!

오늘날 〈부인夫人〉이라는 호칭은 내가 남의 아내를 높여 부를 때 보통 칭한다. 그런데 이 말은 오래 전 중국의 봉건시대封建時代 때 사용되어지던 말이 지금까지 이어져 오고 있는 말 가운데 하나라 할 수 있다.

주지하듯 봉건시대 때는 천자天子의 주변을 제후諸侯들이 둘러싸고 있는 형국을 취한다. 그리고 제후는 대부大夫들이 둘러싸고 있고, 대부는 다시 선비(儒 또는 士)들로 둘러싸여 있다. 이처럼 중국의 봉건에 대해 따지고 보면 지금 우리의 권력구조와 거의 흡사한 구조를 띠고 있음을 알 수 있다.

여기서 문제는 〈대부〉인데, 대부는 지금으로 치면 서울시장이나 경기도지사 정도에 해당하는 고관대작이다. 예나 지금이나 대부의 주변에는 대부를 위해 참모역할을 하는 사람들이 있게 마련인데, 쉬운 말로 하면 측근이라 할 수 있다. 이들을 대부는 '자신의 사람들'이라 해서 보통 〈부인夫人〉이라 불렀다.

처음은 대부 자신의 측근들에게 〈부인〉으로 불린 것이었지만, 이것이 차츰 부인의 아내들에게도 통용이 되면서 자리를 잡았다. 말하자면 군에서 하사관 아내는 하사관 대우하고, 영관급 아내면 영관급 대우를, 장군의 아내면 장군급 대우를 받는 것을 고려하면 쉽게 이해가 간다. 혹시 그래서 여자 팔자 뒤웅박(?)*

멀리 갈 것도 없다. 우리의 공조직에서 과장 아내면 과장, 국장 아내면 국장, 총리 아내면 총리, 대통령 아내면 대통령 예우를 해주는 것과 같은 경우다. 이처럼 〈부인〉은 처음 '부인의 사람'을 부를 때 쓰던 호칭이었지만 오늘날은 너도 나도 민주화를 부르짖어서인지 모두가 〈부인〉으로 통칭되는 세상이다.

그러나 본래 수준 높은 이 같은 '부인'의 호칭을 알고 사용하면 안 될까. 남의 아내를 높여 부르는 것도 모자라 이젠 자신의 아내에게까지 부인이라 부르는데, 좀 과해 보인다. 그래선가. 부인이 부인이라 칭하는데, 안주인인 부인은 이를 부인否認하고 있으니 그래서 세상은 돌고 도는 것이라고 했나 보다.

---

* 우리가 흔히 쓰는 말 가운데, '여자팔자 뒤웅박 팔자' 라는 말이 있다. 하지만 그 뜻이 정확하게 무엇인지 어디에 근거를 두고 하는 말인지 제대로 아는 사람은 많지 않다. 뒤웅박이란 본래 박을 쪼개지 않고 꼭지 근처만 동그랗게 도려내고 그 속을 파낸 바가지를 말하는데, 보통 그 끝에 끈을 달아 사용한다. 이 뒤웅박을 부잣집에서는 쌀이나 곡식 등을 넣어 사용하지만 가난한 사람들은 잡곡이나 소에게 주는 여물 등을 넣어두는데 사용한다. 다시 말해 뒤웅박이 어느 신분의 집안에서 사용하느냐에 따라 그 쓰임세가 달라지듯 여자도 시집을 어느 집안으로 가느냐에 따라 신분의 귀천이 달라진다는 의미에서 유래한다.

생 활 철 학   에 세 이

021

사모님이란 말•

남의 아내를 높여 부르는 말 가운데 하나가 '사모님'이란 호칭이 있다. '사모님'은 본래 스승의 어머님이나 아내를 일컫던 말이다.

전국시대 때의 아성亞聖인 맹자는 일찍이 〈역자교지易子敎之〉에 관해 언급한 바 있다. 자식을 가르칠 땐, '내 자식과 남의 자식을 바꾸어 가르친다'는 말이 그것이다. 내 자식을 내가 가르칠 수 없어서가 아니라 가르치다 천륜인 부자지간의 정을 해칠 수 있기 때문에 이를 방지 차원에서 그렇게 강조한 것이다.

고슴도치도 제 새끼는 감싼다고 우리의 자식을 미워하는 사람은 없

• 본 글은 2010년 9월 25일 작성한 것임.

을 것이다. 그러나 교육만큼은 제 아무리 사랑스런 자식이라도 쉽게 할 수 없는 것이 예나 지금이나 다르지 않다. 부모의 기대는 크고 자식은 이를 따라주지 못하니, 부모로서 여간 힘든 일이 아니다. 교육, 아! 아무리 생각해도 끔찍하다.

그러고 보면, 자식 가진 사람들은 모두 같은 심정 아닐까. 부모의 마음을 조금이라도 따라주면 오죽이나 좋으련만 이 놈의 자식들은 누굴 닮아서 그런지 원. 늘 남보다 뒤쳐져 보이기 일쑤고, 기대에 못 미처 꾸중이나 쥐어박자니 부자지간의 정을 해칠까 두렵고, 교육은 참으로 난감한 일이 아닐 수 없다.

예로부터 가장 가까운 정을 부자지간父子之間의 정情이라 하지 않던가. 부자지간에 조금이라도 균열이 생기기 시작하면 가장 큰 농사를 망치는 것으로 생각했기 때문에 중시했을 게다. 그래서 선현들은 이를 잘 살펴 교육을 시킬 나이가 되면 훌륭한 지인이나 유덕자를 찾아 자식을 보냈다 한다. 〈역자교지〉 차원이다.

이때 자식의 입장에서 보면 가르침을 받을 때, 고행 속에서 생활하기 일쑤다. 그러나 자식 입장에선 참고 견디는 수밖에 달리 뾰족한 수가 없다. 물론 스승의 입장에선 부자지간의 정을 헤아리지 않아도 되기 때문에 혹독한 교육이 주종일거고. 짧게는 수 년 길게는 십수 년까지 스승 밑에서 교육을 받는다.

스승의 댁에서 기거하는 동안 스승의 아내는 친어머니처럼 온갖 먹거리와 잠자리 등을 제공한다. 스승의 댁에서 머무르는 동안, 스승의 어머니 혹은 아내를 극존칭으로 사용한 것이 바로 '사모님'이다. 이처럼 고귀한 '사모님'이 오늘날에는 왠지 지나가는 개나 소에게도 쓰일 만큼 흔해빠진 호칭이 되고 말았다.

이것도 시대 탓인가? 실제로 써야 할 분들에게는 쓰지도 못하면서 정작 쓰지 않아도 될 사람들에게는 마구 '사모님'을 남발하고 있으니 웃기지도 않는다. "사모~님!", "싸~모님!" 이런~ 이런~!! 내년엔 토끼의 해*다. 제발 토끼에게도 쓰일 만큼 '사모님'이란 말이 싸고 흔하게 쓰여지지 않았으면 좋겠다.

* 2010년은 60년 만에 돌아온 백호랑이 해라고 소란했는데 벌써 해가 저물고 있다.

노예같은 인생!

노예의 삶은 자신의 의지에 따라 살지 못하는 것이 특징이다. 목적의식을 가지고 그 목적을 달성하기 위해 살아가는 사람들 또한 사실은 그 목적의 노예인 셈이라 할 수 있다. 예컨대 돈의 노예는 늘 돈을 벌기 위해 노심초사하고, 권력의 노예는 권력을 장악할 목적으로 온갖 잔머리를 굴려댄다. 그 가운데 사람은 없다.

재물이나 권력은 인간이 만들어낸 가공의 가치들이다. 본래적인 것이 아니다. 그럼에도 인간은 가공의 가치를 만들어 내고, 또 그 가공의 가치를 주인으로 삼아 스스로 노예가 되고자 안달박달 지랄발광 한다. 이쯤 되면 인간은 더 이상의 목적이 되지 못한다. 오직 수단으로만 작용할 따름이다.

한 마디로 인생 종치는 짓임에도 아랑곳 않는다. 가공의 가치를 만들어 내기 어려운 어린아이 적에는 재물은 물론 권력을 결코 목적으로 삼지 않는다. 그야말로 자유분방하지만 문제될 게 없다. 옛 선현들의 말씀 가운데 능히 아이가 될 것을 강조한 것이 바로 이 같은 결과를 능히 인식했기 때문일 것이다.

오늘날은 재물이나 권력을 추종하는 시대다. 때문에 다시 정신을 중시하려는 풍토가 조성되고 있는 것도 사실이다. 그렇다면 이 같은 거대한 변화의 패러다임 속에서 핵으로 작용하기 위해서는 우린 어떤 모습이라야 할까. 한 사람 한 사람이 노예적인 삶의 구조에서 하루빨리 탈피하는 모습이어야 하지 않을까!

쉽지 않지만 어리석은 인간의 의식 속에서 만들어 낸 가공의 가치를 잠재우는 것이야말로 우리는 능히 어린아이와 같은 마음에 도달할 수 있을 것이다. 재물이나 권력이 결코 최종목적이 아닌 〈인간〉이라는 그 자체가 목적이 되어 끊임없이 견지될 때, 우리는 부적절한 노예적 삶 속에서 속히 벗어날 것이다.

나를 죽여야 산다!

천지는 나와 함께 생겨났고 만물은 나와 동체이다. 천하에 추호의 끝보다 더 큰 것은 없지만 태산은 오히려 작다. 석 달을 살았다는 상자보다 더 오래 산 사람은 없지만 6백 년을 살았다는 팽조는 요절한 것이다. 천지는 나와 함께 생겨낫고 만물은 나와 동체이다(『장자』, 「제물론」).

본래의 세계란 있는 그대로의 자연을 말한다. 본래 누구나 자연의 모습을 띠고 있었지만, 자신이 만들어낸 '의식에 지배가 되면서' 본래의 자신 모습을 잃어버리게 된 것이다. 〈의식〉은 〈나〉라는 의식을 만들고 〈너〉라는 의식과 급기야는 제3의 의식을 만들어 낸다. 이것, 그것, 저것이라고 지칭되는 만물을 만들어 내는 것이다.

"도道가 하나를 낳고, 하나가 둘을 낳고, 둘이 셋을 낳고, 셋이 만물을 낳았다."고 한 노자老子●의 말은 바로 이것을 말하는 것일 게다. 하나는 '나'라는 의식을, 둘은 '너' 그리고 셋이란 '이것', '저것'이라는 의식의 상징적 표현이다. 본래적인 것은 아니었지만 '나'라는 의식이 생기면서 하늘도 땅도 죽음도 생겼을 것이다.

그렇다면 '나'라는 의식이 생기기 전에는 나도 하늘도 땅도 죽음도 만물도 모두가 하나의 자연이었음은 말할 것도 없을 것이다. 그러던 자연이 만물로 의식되기 시작하면서 이제 우리는 완전히 '너 죽고 나 살기' 식으로 모든 것이 변화하고 있다. 모든 것이 계급화 되어가고 있고, 이기주의가 판을 치고 있는 것이다.

사람의 크기를 기준으로 하면 가을의 새털(추호, 秋毫)은 지극히 작은 것이고, 태산은 지극히 큰 것이지만, 기준을 바꾸어 우주에서 보면 태산은 지극히 작은 것이 되고, 원자나 미립자의 입장에서 보면 추호는 굉장히 큰 것일 수 있지만 사회는 이를 용인하지 않는다. 언제든 자신을 위주로 모든 것을 재단한다.

또 인간의 삶을 기준으로 하면 석 달을 산 상자는 요절한 것이고, 6백 년을 산 팽조는 장수한 것이라 할 수 있다. 그러나 하루살이의 입장에서 보면 상자는 장수한 것이고, 영생을 하는 입장에서 보면 팽조는 요절한 것이나 다름없지만 이런 현상 또한 성립하지 않는 것이 오늘날 우리의 자화상이다. 환장할 일 아닌가.

이처럼 〈나〉라는 의식이 생기면 인간은 만물을 자연 그대로 보질 못하고 무엇이든 자신의 기준에서 보려하는 못된 습성을 갖게 된다. 이를테면 〈나〉보다 큰 것을 크다고 하고, 〈나〉보다 작은 것은 작다고 하

며 〈나〉보다 느린 것은 느리다고 하고, 〈나〉보다 빠른 것은 빠르다고
한다. 곧 죽어도 늘 〈나〉의 기준이다.

사람은 모두 그 입장이 다르기 때문에 각자의 입장에서 모든 것을
판단하고 주장하게 되면 온갖 혼란이 일어나기 마련이다. 〈나〉라는 의
식을 버리고 〈나〉라는 기준에서 하루빨리 벗어나야 모든 것이 본래의
모습을 드러낼 수 있다. 그 본래의 모습으로 돌아갈 때, 진정한 자연
에 도달할 수 있을 것이다.

* 중국 고대의 철학자, 도가(道家)의 창시자로 불림. 주나라의 쇠퇴를 한탄하고 은퇴할 것을 결심한 후 서
방(西方)으로 떠났다. 그 도중 관문지기의 요청으로 상하 2편의 책을 써 주었다고 전한다. 이것을 「노
자」 혹은 「도덕경」이라 한다.

  생 활 철 학 에 세 이

부메랑

〈부메랑〉은 원래 호주의 서부와 중부의 원주민들이 주로 사용했던 무기라고 한다. 주지하듯 이 무기는 기역자 모양의 나무 막대기로 만들어졌는데, 빙글빙글 회전하면서 날아간다. 목표물을 맞히지 못하면 원을 그리며 던진 사람에게 되돌아오게 되는데, 부드럽게 생긴 모양과는 달리 상당한 위력이 있어서 사냥할 때나 경우에 따라선 전쟁에서 무기로 사용되었다고 한다.

던지면 다시 던진 사람에게 되돌아오는 것을 우리는 보편적으로 〈부메랑〉이라고 말한다. 그러나 이때의 〈부메랑〉 의미는 본래 가지고 있는 〈부메랑〉의 의미와는 다소 차이가 있다. 즉 본래의 〈부메랑〉은 매우 긍정적인 것이지만, 우리가 일상에서 쓰는 〈부메랑〉은 사실 그 반대의 의미를 가지고 쓰는 일이 많다. 말하자면 자신이 했던 일이 업보로 작용하여 벌을 받을 경우, 이 말을 쓰곤 한다.

요즘 세상 참 편해졌다고 한다. 역설적으로 표현하면 세상 참 복잡해졌다고도 할 수 있는 말이다. 과거에 몇 년에 걸쳐서 하던 작업들을 요사이는 불과 며칠 안에 뚝딱 해치우는가 하면, 교통수단이 하루가 다르게 변화하여 이젠 어지간한 거리는 한나절이면 접할 수 있게 되니 그렇게 표현해도 무리가 없어 보인다. 모든 것이 엄청난 속도로 우리의 생활환경을 바꿔가고 있으니 더 말해 무엇 하겠는가.

그래서 그런지 요즘 사람들은 점점 더 가벼움만 추구하는 듯한 모습이다. 도대체 복잡하고 고민스러운 것은 아예 관심조차 없어 보인다. 이는 우리의 공직자들도 예외가 아니다. 조금 어려운 작업이라든가, 혹은 희생이 따를 만한 일은 피하려고만 하지, 그러한 것들에 관해 적극적으로 고민하고 해결할 방도를 찾으려 하는 모습을 보기 어려운 것은 우리 사회의 현 병리현상과 무관치 않아 보인다.

글을 읽는 것도 마찬가지다. 지극히 가볍고 말초적인 것들만 선호하고, 고민과 인내를 요하는 역사에 관한 글이라거나 이를 바탕으로 한 고도의 합리적 판단을 요하는 철학적인 글들은 아예 거들떠보려고도 하지 않는다. 오히려 자신의 삶과 전혀 관계없는 것으로 치부하고 비판하지 않으면 다행일 정도다. 주변의 사람들이 온통 가벼움만 추구하다보니 이러한 현상을 낳은 것일 게다.

사람이 세계관을 제대로 옹립하고 존립하기 위해선 적어도 문학관련 저술 3백 권 이상, 역사관련 2백 권 이상, 철학관련 1백 권 이상을 섭렵해야 한다는 말들을 한다. 필자는 요즘 이 말이 그 어느 때보다 절실히 들리고 있다. 결코 빈말로 들리지 않는다. 요즘처럼 가벼움만 추구하는 시대에서 전혀 어울릴 것 같지 않은 이 말이 필자에게는 더욱 절실하게 다가오고 있으니 긴장하지 않을 수 있겠는가.

세상은 점점 쉬운 세상으로 가고 있다고 사람들은 쉽게 또 가볍게 말한다. 그러나 이는 앞에서도 언급했지만 역설적으로 표현하면 세상은 점점 더 복잡하고 힘든 세상으로 가고 있는 것으로 이해하는 편이 적절할 것이다. 말하자면 세상은 우리에게 점점 더 복잡하고 고도의 지적 수준을 요하는 세상으로 가고 있으니, 보다 철저히 대비하라는 메시지로 받아들여야 한다는 얘기다.

그럼에도 우리는 지금 온통 가벼움만을 추구하고 있다. 그것이 때가 되면 〈부메랑〉이 되어 우리를 옥죌 것임에도 아랑곳 하지 않는 모습들이니 환장할 노릇이다. 하루하루 끊임없이 고민하고 매달리지 않으면 우리는 우리가 던진 〈부메랑〉에 결국 맞아 죽고 말 것이다. 가볍고 편한 것만을 추구하는 사람들, 가장 가볍고 가장 빠르게 〈부메랑〉이 되어 돌아올 것이라는 사실을 잊지 말아야 한다.

편견을 버려야 더불어 살 수 있다!

도끼를 잃어버린 어떤 사람이 그 이웃집 아이의 짓이라고 의심하기 시작했다. 그러고 보니 그 아이의 얼굴 표정이나 걸음걸이 등 하나 하나의 모습에서 도둑의 모습으로 보이지 않는 구석이 없었다. 그렇게 며칠이 지나 뜻밖에도 어느 산골짜기에서 잃어버렸던 도끼를 찾았다. 다음날 이웃집 아이의 모습을 보니 이전의 도둑 같은 느낌이 전혀 들지 않았다. 선입견이 얼마나 무서운 일인가.

양주楊朱의 아우 포布가 흰옷을 입고 집밖에 나갔다가 갑자기 내린 소낙비로 검정 옷으로 갈아입고 돌아왔다. 그 때 기르던 개가 주인을 알아보지 못하고 짖어대는 것을 보고 양포는 화가 나서 매질을 하려 하였다. 나갈 때 흰옷을 입고 나간 양포가 돌아올 때 검정 옷을 입고 온 양포에 대해 개의 분별력이 보다 정확한 것일지 모르는 상황에서, 양포는 평소 자신의 편견을 인식하지 못한 결과다.

속담에 '애인무가증 증인무일애愛人無可憎, 憎人無一愛'라는 말이 있다. 즉 "사람을 사랑하면 그 사람의 어떤 짓도 미운 구석이 없고, 반대로 사람을 미워하면 아무리 예쁜 짓을 해도 사랑스런 곳이 한 구석도 없다."는 말이다. 혹시 우리의 삶에서 이런 편견이 가득 차 있음에도 제대로 인식하지 못하는 것은 아닐까. 하지만 이런 편견을 물리치지 못하는 한 우리는 결코 더불어 사는 행복한 삶을 보장받기 쉽지 않다.

제 아무리 절세의 미인이라도 물고기는 그를 보고 물 속으로 깊이 숨어버리고 사슴도 그를 보면 멀리 달아난다. 우리의 눈으로 아무리 뛰어난 옷이라도 동물에게는 소용없는 일이 많다. 사람이 습기 찬 곳에 오래 있으면 허리 병에 걸려 죽기 십상이지만 미꾸라지는 오히려 이런 곳에서 더욱 잘 산다. 사람이 나무 위에서 살기는 쉽지 않지만 원숭이 따위는 오히려 그러한 곳이 안성마춤이다.

사람의 삶에서 어떤 이는 환경이 자신에게 딱 맞아야 적응하는 이가 있는가 하면, 어떤 이는 환경이 열악해도 잘 사는 이가 있다. 또 어떤 이는 눈코 뜰 새 없이 바빠야 하는 사람이 있는가 하면, 어떤 이는 바쁘면 삶의 의미를 잃어버린다 하여 질색하는 이도 있다. 말하자면 사람의 삶이란 각기 특유의 개성과 환경적 요소를 가지고 살아가고 있음을 엿볼 수 있다. 그것이 평가의 대상은 아니지만.

사정이 이러함에도 늘 편견을 가지고 자신의 잣대로 모든 것을 재단하려는 어리석은 이들이 우리 주변 도처에 널려있다. 올바른 삶이 아니다. 결코 오래갈 수 없는 삶이다. 발뒤꿈치를 들고 어떻게 오래 걸을 수 있겠는가. 자신의 논리로 타인을 위한다는 이른바 '우상Idols의 질곡'에서 우리는 하루 빨리 벗어나야 한다. 그것이 스스로의 자유를 보장받는 첩경이기 때문이다.

자포자기하는 사람과는 더불어 살 수 없다!

우리가 흔히 쓰는 말 가운데 〈자포자기〉自暴自棄(절망 상태에 빠져 자신을 버리고 돌보지 않음)라는 말이 있다. 이 말은 전국시대를 살다간 맹자孟子*의 주장 가운데 하나인데, 그는 〈자포自暴〉와 〈자기自棄〉에 대해 다음과 같이 언급한바 있다.

〈자포〉하는 사람과는 더불어 대화를 나눌 수가 없다. 자기하는 사람과도 더불어 행동을 할 수가 없다. 입만 열면 예의도덕禮義道德을 헐뜯는 것을 〈자포自暴〉라고 하고, 도덕의 가치를 인정하면서도 인仁이나 의義를 자신과는 무관한

• 중국 전국시대의 철학자. 공자의 사상을 그의 손자인 자사(子思)의 문하에서 배웠다. 도덕정치인 왕도정치(王道政治)와 성선설(性善說) 등으로 유명하다.

것이라고 생각하는 것을 자기自棄라고 한다.

사람의 본성本性은 본래 선善한 것이다. 그러므로 사람에게 있어서 도덕의 근본이념인 인仁은 편안한 집과 같은 것이며, 올바른 길인 의義는 사람에게 있어서 정로正路 즉 바른 길이다. 편안한 집을 비운 채 들어가 살려 하지 않으며 올바른 길을 버린 채 그 올바른 길을 걸으려 하지 않는 것은 실로 개탄할 일이로다.

주지하듯 맹자는 '사람의 성性을 본래부터 선善하다'고 본 철학자다. 따라서 그 선한 부분을 드러내 그리 세상을 살아갈 것을 강조한 반면, '사람의 성性은 본래부터 악惡하다'고 보고 이를 확실히 인식, 늘 성찰을 통해 선善을 지향해야 한다고 주장한 철학자가 바로 우리에게 익숙한 순자荀子•다.

갑자기 뜬금없이 왠 성선·성악설 타령. 누가 주장했던 지금 나와 '무슨 관계'냐고 생각하는 독자가 있을지 모르겠다. 그러나 사람이 살아가면서 선과 악, 양극단을 달릴 수 있다는 점에서 '성선설적인 삶과 성악설적인 삶'은 매우 중요한 의미를 갖는다. 때문에 이 시점에서 눈여겨 볼 가치는 충분히 있다 하겠다.

'성선적인 삶'과 '성악적인 삶'. 지금 우리 사회는 이처럼 양극단을 향해 치닫고 있다. 즉 정신적인 면(성선)에 지나치게 지향하는 부류와 물질적인 면(성악)에만 지나치게 지향하는 부류, 이렇게 갈려 있는 것이

• 중국 전국시대의 철학자로 맹자의 성선설을 비판하고 성악설(性惡說)을 주장했으며, 예(禮)를 강조하여 유학사상의 발달에 큰 영향을 끼쳤다.

다. 그야말로 시대에서 꼭 필요한 〈중용中庸〉을 취하는 부류는 쉽게 찾
아볼 수 없으니 유감이 아닐 수 없다.

그렇다면 이처럼 극단을 향하는 삶은 왜 문제일까? 정신적인 면에
지나치게 집중하면 자칫 삶의 욕구를 방해함으로써 소위 발전을 더디
게 할 가능성이 크고, 물질적인 면에만 지나치게 집중하다 보면 최근
의 우리 앞에서 벌어지고 있는 타락의 극치가 계속되어 결국 나라가
붕괴될 가능성이 크기 때문일 것이다.

현재 우리사회에서 종교가 굉장히 많은 것과 목욕문화가 극도로 발
달하는 것은 눈을 비비고 새롭게 바라볼 일이다. 예로부터 목욕문화가
발달하면 망한다고 하지 않던가. 향락이 점차 개인의 정신을 피폐하게
만들 뿐만 아니라 나라를 떠받치는 사상까지도 약화시켜 결국 나라를
파국으로 몰기 때문에 이를 경계한 것이다.

그런 면에 있어서 우리의 몸을 새롭게 인식할 필요가 있다. 머리는
정신적인 면에, 두 발은 물질적인 면에 강하게 작동하는 것을 볼 수
있는데, 그렇다면 여기서 잠시 주목할 부분이 있다. 바로 두 손이다.
우리 몸 중간에 존재하면서 때론 정신적인 면, 때론 물질적인 면에서
중요한 역할을 담당하고 있기 때문이다.

지금 우리 사회는 누가 뭐래도 매우 혼란한 사회로 규정하기에 충분
하다. 그런 점에서 우리의 두 손이 이런 혼란과 극단을 치닫고 있는
현상을 잘 제어하고 융합할 수 있는 유일한 기능을 가지고 있다는 점
에서 중시하고 활용*할 필요가 있겠다. 바로 〈중용사상〉이다. 지나치
지 않고 정도에 미치게 하는 〈중용〉이 필요하다.

역사적으로 보면 정신을 중시하다가 이것이 극에 달하면 물질을 추구하는 사회로 변모하고, 물질을 추구하는 것이 극에 달하면 역시 정신을 중시하는 사회로 변모해 왔다. 그런 점에서 오늘날 대다수의 나라들이 물질을 최고의 가치로 삼고 있는 이러한 현상은 멀지 않은 시기에 다시 정신을 강조하기 시작할 것이 뻔하다.

그런 점에서 '성선적인 사람'은 정신을 중시한다고 볼 수 있고, '성악적인 사람'은 물질을 보다 중시한다고 볼 수 있을 터인데, 이는 개인의 성품에 따라 분석할 수도, 한 집단을 상대로도 분석 가능하다. 좀더 크게 보면 나라를 보고도 알 수 있다.** 예컨대 동양이 '성선적'이라면 서양은 '성악적'인 면이 강하다고 할 수 있듯.

또 한국이 '성선적'이라면 일본은 '성악적'인 면이 강하다 할 수 있고, 우리와 같이 공조직이 '성선적'이라면 일반기업은 '성악적'이라 할 수 있다. 학문에서도 유사성을 찾아볼 수 있다. 인문학이 '성선적'이라면 이공계는 '성악적'이라 할 수 있으며, 인문학에서도 시인이 '성선적'이라면 소설가는 '성악적'이라 할 수 있다.

이처럼 '성선설적인 삶'과 '성악설적인 삶'은 그 형태를 완전히 달리하고 있다. 따라서 지나친 '성선적인 삶'도 문제지만, 지나친 '성악적인 삶'도 문제이긴 마찬가지다. 그러므로 삶에 있어서 늘 자신의 현재 삶의 형태가 어떤 것인지를 정확히 인식하여 극단적이고 편향적인 삶이 되지 않도록 늘 스스로 단속할 필요가 있다.

• 호리지차(毫釐之差)를 인식할 필요가 있다. 즉 처음은 아주 미세한 차이지만 이를 방기하면 나중은 도저히 손을 쓸 수 없을 만큼 벌어진다.

•• 그러나 여기서 분명히 오해하지 말아야 할 부분이 있다. 성선적인 사람이나 집단을 우등하고, 성악적인 사람이나 집단을 열등하다는 소위 우열개념의 잣대로 보아서는 안 된다는 사실이다.

　　그런 의미에서 〈자포자기自暴自棄〉는 그 어떤 사람이나 집단 혹은 나라에 도움이 되지 못한다. 더 이상 예의와 도덕을 헐뜯지 않고, 인의를 취하는 데 머리와 발 사이에 있는 두 손*은 고민이 필요하다. 정신적 삶과 물질적 삶의 거대한 패러다임은 저절로 변화하는 것이 아니다. 시대를 주도하는 사람들의 몫이다.

* 중용을 취하기 딱 좋은 위치로서 어디로 지향할 것인지를 두고 고민이 필요하다. 지금 이 시점에서 극단으로 향하는 것을 자제하는 태도가 필요하다.

자 포 자 기 하 는　사 람 과 는　더 불 어　살　수　없 다 !

027

진실한 벗이 측근에 많았으면 좋겠다!

자공子貢이라는 공자의 제자가 선생님께 〈벗〉에 대해서 묻자, 공자는 다음과 같이 답했다.

진심으로 말해주고 잘 인도하다가, 안되면 그만두어 스스로를 욕되게 하지 말아야 한다.*

친구라는 것은 서로 '착한 일로 돕는 보인輔仁의 관계'이다. 때문에 늘 좋은 말로 상대의 잘못된 점을 지적해 주고 성심으로 이끌어 주어

* 「논어」, 「안연」 : 子貢問友 子曰 忠告而善道之 不可則止 無自辱焉.

생 활 철 학 에 세 이

야 한다. 예컨대 상대가 나의 진실한 충고를 순순히 잘 받아들인다면 이는 진실한 벗이 될 수 있겠지만, 이와는 달리 늘 어떤 이유와 변명을 일삼으며 받아들이려 하지 않는다면 이미 벗으로서의 의리義理가 없어진 경우라 할 수 있다. 보인의 관계라는 것에서 벗이라 하는데, 상대가 이를 받아들이려 하지 않는다면 벗이 아닌 것이다.

사실 이러한 관계가 성립되면 나의 진실한 충고를 상대가 이미 잔소리로 인식하고 귀찮게 여기기 시작했음을 자각할 필요가 있다. 따라서 이쯤 되면 사실상 관계를 멀리해야 한다고 볼 수 있다. 이런 부류들과 벗의 관계를 오래 지속하면 지속할수록 반드시 후에 자신에게 혹독한 욕이 되어 돌아오기 십상이다. 혈연지간인 부모나 형제의 관계는 무한 책임을 갖고 끊임없이 충고를 하고 간언을 해야 할 대상이지만, 벗과의 사귐에는 사정이 다르다고 할 수 있는 것이다.

벗과의 사귐에는 반드시 의리로써 연을 맺고 있다. 따라서 한두 번을 뛰어 넘어 충고를 반복하게 되는 벗이라고 한다면, 그러한 벗은 점차 관계를 소원하게 할 필요가 있다 하겠다. 말로는 늘 그러지 않겠다고 받아들이는 척하면서, 실상은 조금의 부끄러움도 없이 매번 실수를 반복하는 벗이라면 이는 어떤 형태로든 나에게 도움이 되지 않을 뿐만 아니라 오히려 주변의 수많은 사람들에게 피해를 주는 사람일 가능성이 높다. 그러므로 이러한 벗은 정리할 필요가 있다 하겠다.

그렇다면 '지금 바로 여기'에서 자신은 어떤 성품의 소유자와 벗하고 있는지 주변을 둘러보자. 그리고 자신의 측근들로부터 진실한 충고를 듣고 있는지, 아니면 자신이 늘 진실한 충고를 해주고 있는지를 살펴볼 일이다. 꼭 출세를 위한 일이 아니더라도. 예나 지금이나 우리는 다양한 삶 속에서 살아가지만 어떤 형태로든 〈관계〉를 떠나서는 살아갈 수 없는 존재들이다. 그래서 어떤 '관계를 맺느냐' 하는 것은 매우 중요한 문제라 하지 않을 수 없다.

　어떤 사람은 늘 건강한 삶을 산다. 그런가 하면 어떤 사람은 더 없이 허약한 삶을 산다. 잘 살펴보면 어떤 벗과 사귀느냐에 따라 허약하게도 건강하게도 산다. 또 건강한 삶이 허약하게 되거나 허약한 삶이 건강하게 되기도 한다. 모두가 어떤 벗과 사귀느냐에 따른 결과다. 그러므로 벗을 사귐에 있어서 심사숙고深思熟考 하지 않을 수 없는 것이다. 진실한 벗이 측근에 많았으면 좋겠다. 그래서 건강함이 배가되었으면 좋겠다. 모두가 바라는 삶이지만.

028

서냐? 투냐? 그것이 문제로다!

〈대인大人〉으로 갈 것인가, 〈소인小人〉으로 남을 것인가? 성호 이익• 선생의 저술인 『성호사설』, 「인사문」에 이런 내용이 있다. "군자가 말 한마디로 죽을 때까지 행할 수 있는 것은 〈서〉恕(용서하는 마음, 남의 처지에 서서 동정하는 마음)와 같음이 없다. 〈서恕〉란 〈투妬〉의 반대이기 때문에 '투'를 그치게 하는 것도 '서'와 같은 것이 없다. 일에 따라 자신을 반성하여 과오가 있으면 곧 고칠 뿐이다."

어진 사람恕이 착한 것을 보면 반드시 믿고, 만일 악한 형상이 있으

• 이익(李瀷, 1681~1763) 선생은 조선 후기의 실학자로 실용적인 학문을 주장하며 평생을 학문연구에 몰두 『성호사설(星湖僿說)』과 『곽우록(藿憂錄)』 등 수많은 책을 저술하였다. 그의 혁신적인 사고는 다산 등에게 이어져 계승 발전되었다.

면, "저것은 혹 외모가 그러한 것"이라 하고, 만일 악한 증상이 있으면 "저것은 반드시 본의가 아닐 것이다."라 한다. 만일 악의가 있으면, "이것은 우연히 그러한 것"이라 하고, 어떻게 할 수 없는 지경에 이르면 "저것은 혹 부득이 한 것이 있나 보다. 나도 저런 처지에 놓이게 되면 반드시 그러지 않을 수 없을 것"이라고 한다.

이것은 남의 악을 보고 나의 어짊을 증가시키는 것이니, 이것은 마치 벌이 꽃이 비록 쓰고 맵더라도 따다가 단 것으로 만드는 것과 같다. 그러나 〈투〉妬(질투)라는 것은 그렇지 않다. 남의 착한 점을 보면 반드시 의심하여, "외양만 그러할 뿐 참이 아니다. 우연히 그러한 것이지 견고한 것이 아니다. 사세가 그렇게 된 것이지 정상적인 것이 아니다."라고 하여 반드시 굽은 곳을 찾아서 더럽힌다.

이것은 남의 착한 것을 보고 나의 악을 증가시키는 것이니, 마치 뱀이 비록 달고 향기로운 것이라도 그것을 먹어 독을 만드는 것과 같다. 그러므로 겸손한 것을 가리켜 비하卑下하고, 참는 것을 가리켜 겁이 많다 하고, 수행하는 것을 가리켜 겉으로 꾸미는 것이라 하고, 청렴결백한 것을 가리켜 명예를 구한다 하며, 소탈하고 과묵한 것을 가리켜 우둔하다 한다.

또 밝게 분변하는 것을 가리켜 경솔하고 허황하다 하고, 정직한 것을 가리켜 교만하고 자존심이 세다 하고, 인자하고 양순한 것을 가리켜 유약하고 아첨한다 하고, 공경하고 씩씩함을 가리켜 억세고 사납다 하고, 주기를 좋아하는 것을 가리켜 쓸데없이 낭비한다 하고, 절약하는 것을 가리켜 인색하다 하니, 이것이 모두 착한 것을 돌려서 악한 것으로 만드는 조목들이다.

　이처럼 삶의 현상은 늘 양면적이다. 그래서 선택을 요구받는 것이 아닌가 싶다. 선택! 쉽지 않지만 요람에서 무덤까지 계속된다. 아이가 태어나 자라 학교와 학과를 선택하는 것, 많은 사람들이 즐기는 여행을 하거나 운동을 하는 것, 취미생활까지도 모두 선택을 요구받으며 살아간다. 공직의 경우도 크게 다르지 않다. 어떤 정책을 선택하는 것이 시민들로부터 신뢰를 받을까를 고민하며 선택한다.

　그렇다면 '지금 바로 여기'에서 무엇을 선택할 것인가? 수없이 많은 선택을 하며 살아가지만 본체 즉, 옷으로 말하면 요령要領을 잡는 것과 같은 일이다. 다시 말하면 질투하는 사람으로 남을 것인지, 용서하는 사람으로 남을 것인지를 선택하는 일이다. 늘 선택의 기로에서 무엇이 나에게 유익한가를 따지는 어리석은 삶에서 진실로 〈서恕〉한 사람의 삶을 사는 것이다. 그것이 성호의 주문이다.

029

서시빈목이 만연한 사회

외모지상주의가 날이 갈수록 높아가고 있다. 개성을 가장 강하게 강조하고 표출하는 요즘이지만 오히려 지나치게 유사한 틀 속으로 합류하려 하는 태도가 도를 넘어서고 있다. 이는 일반외과가 아닌 성형외과가 붐을 이루고 있는 것이 이를 잘 대변해 주고 있다. 거식증에 걸려 목숨을 잃는 이가 있는가 하면, 이로 인해 패가망신*하는 사례도 속출하고 있다.

내용도 모르면서 형식만을 빌어 남을 따르거나, 남의 단점을 오히려 장점으로 착각하여 따르는 행위를 〈서시빈목西施矉目〉이라 한다. 춘추

---

* 패가망신(敗家亡身) : 집안의 재산을 다 써 없애고 몸을 망침을 뜻함.

생 활 철 학   에 세 이

말, 오나라와의 전쟁에서 패한 월왕 구천은 오왕 부차의 방심을 유도
하기 위해 절세의 미인 서시西施를 바쳤다. 그러나 서시는 가슴앓이가
심해 고향으로 돌아오고 말았다(오나라 왕에게 쫓겨났다는 설도 있음).

　그런데 그녀는 길을 걸을 때 가슴의 통증 때문에 늘 눈살을 찌푸리
며 걸었는데, 이를 본 마을의 추녀醜女(추한 여성)가 자기도 눈살을 찌푸
리고 다니면 예쁘게 보일 것이라 믿고 서시의 흉내를 내고 다녔다. 그
러자 마을 사람들은 모두 그녀의 모습에 놀라 집안으로 들어가 대문을
굳게 걸어 잠그고 아무도 밖으로 나오려 하지 않았다고 한다.

　오늘날 세상을 말할 때, 흔히들 '여성 상위의 시대'라고 주장함에 이
의를 제기할 사람은 그리 많지 않다. 남성의 여성화가 가속화 상태에
있으며, 여기저기서 금녀의 벽이 무너졌다는 얘기가 들린 지 어제 오
늘이 아닌 것만 보아도 충분히 짐작이 가능하다. 여성의 사회참여를
위한 시스템이 확보된 것도 하나의 원인이겠지만 여성의 의식도 한몫
하고 있다.

　한편 오늘날 여성들은 '개성이 극도로 발휘되는 시대'라고도 한다.
속된 말로 마음만 먹으면 하지 못할 것이 없는, 그야말로 '여성의 시
대' 그 자체로 칭하기에 손색이 없을 만큼 여성들은 봄날을 맞이하고
있다. 그런데 이런 호시대에 살고 있는 여성들이 오히려 서시와 같은
여성이 늘어만 가고 있다니 참으로 아이러니가 아닐 수 없는 일이다.

　아름다움이란 외면에만 존재하는 것이 아닌 내면의 미가 결합되어
나온 아름다움이라야 진실한 아름다움으로 자리매김 되지 않을까. 그
리고 획일화 되지 않은 오늘날 우리가 그토록 주장하는 개성이 존중될

수 있는 자연스러운 멋이 은근히 몸에 체득되어 지속할 수 있을 때,
바로 오늘날의 서시로 거듭날 수 있다는 것을 잊지 않았으면 좋겠다.

030

지혜로운 삶의 과정

사람이 살아가는 과정은 각기 다르지만 그 대체적인 삶은 매우 유사한 면을 지니고 있다. 그래서 사람들은 그러한 유사한 삶의 모습에서 나타나는 부분을 가지고 철학을 만들어 내기도 한다. 고대 중국에서는 어려운 삶에 봉착할 때 주로 점술을 이용했다. 이 때의 점술이란 복서卜筮나 시초 등을 통해 점을 쳤다. 시대가 변하긴 했지만 옛날에도 지금 사람들만큼이나 점을 보아왔음을 알 수 있다.

그렇다면 왜 점을 보는가. 어떤 사람은 전혀 신빙성이 없다고 하여 배척하는가 하면 어떤 사람은 미래를 예측하는 신비한 힘을 지니고 있다하여 신봉하기도 한다. 또 어떤 사람은 점이 일종의 경험과학이라고 하여(통계에 기초한 과학) 박박 우겨가며 굉장한 신뢰를 보이기도 한다. 어찌 되었든 한치 앞을 내다보지 못하는 인간의 심리상태를 그대로 보여주는 것이라 할 수 있겠다.

우리 동양에는 점占이라는 책으로 시작하여 오늘날 가장 최고봉의 철학서가 되어 있는 『주역』이라는 책이 있다. 초기에 점술로 시작한 『주역』이 오늘날 동양철학은 물론 서양철학을 공부하는 이들에게까지도 널리 사색하게 하고 있다. 그렇다면 왜 『주역』이라는 책이 이토록 많은 관심의 대상이 되는 것일까. 이는 우리의 '삶의 양식이 과거의 그것과 크게 달라진 게 없기 때문'일 것이다.

여하튼 『주역』이라는 책을 보면, 가장 첫머리에 중천건重天乾 괘가 보인다. 중천건은 건乾(하늘)이 거듭 있다는 말인데, 우리의 태극기에서 좌측 상단에 있는 괘가 건곤감리 중의 건괘이고, 이것이 두 개 겹쳐있다 하여 중천건이라 지칭한다. 지금 이끌고자 하는 것은 바로 이것이다. 철학자들은 이 '중천건'을 가지고 인생에 대입하여 삶의 지혜를 키워 왔고 또 키워가고 있다는 사실이다.

즉 우리의 인생을 달리기로 비유하여 본다면 단거리 경주가 아닌 장거리 경주에 비유하곤 한다. 말하자면 우리의 인생은 마라톤과 같이 긴 여정에 있기 때문에 우리의 선현들은 이 중천건重天乾을 매우 관심있게 바라보고 분석했다. 따라서 당장의 승리를 위한 성급한 행동은 인생을 그르치기 쉽다 하여 『주역』(건괘 : 乾卦)에서 시사하는 바와 같이 심사숙고해서 삶을 살도록 가르친 것이다.

요컨대 건괘의 상황을 인생의 일반적인 형태에 대입하면 초효〔初爻 : 바를 효爻라 하는데, 양효陽爻 여섯 개 가운데 첫 번째 효〕에서 육효六爻까지의 여섯 효는 인생의 10대에서 60대에 이르는 인생의 과정을 상징적으로 나타내

주고 있다. 그러므로 『주역』의 건괘에서 제시하는 이 같은 가르침을 참고한다면, 인생의 과정에서 우리가 취할 수 있는 지혜는 매우 크다 할 것이다.

10대는 물에 잠겨 있는 용!

인간의 능력은 무궁무진하기 때문에 그것을 상징적으로 표현하여 용龍으로 곧 잘 표현하였다. 따라서 10대 전후의 어린 시절은 능력을 발휘하기보다는 힘을 축적하여 장래에 대비해야 하는 시기라 할 수 있다. 말하자면 장차 하늘에 올라 자유롭게 날아다닐 수 있는 무궁무진한 힘을 가질 용龍이지만 지금은 물에 잠겨 있어야 하는 것이다. 이때는 함부로 힘을 소진하지 말고 장래를 대비해야 한다.

만일 이 경우에 힘을 축적하지 않고 다 써버리면 정작 힘을 써야 할 때, 힘을 쓰지 못하고 좌절하기 쉽다. 말하자면 마라톤 선수가 초반전에 전력질주 하여 힘을 다 소모하고 나면 얼마 못 가서 레이스를 포기하게 되는 경우와 같다는 것이다. 그러므로 유능한 코치라면 선수로 하여금 힘을 조기에 모두 소진시키지 않고 축적하도록 조련하는 것과 같은 이치라 할 수 있다.

이 때문에 철학자들은 요즘말로 신동神童이 나왔네, 천재天才가 나왔네! 하는 말들이 언론을 통해서 보도가 되면, 이를 오히려 부정적으로 보는 경향이 강한 것도 모두 이 같은 연유에서다. 우수한 마라톤 지도자가 초반전에 선수에게 힘을 축적하도록 조련하는 것처럼, 부모도 또한 자녀들에게 힘을 축적하도록 많은 노력을 아끼지 않아야 하는 이유도 바로 여기에 있는 것이다.

　따라서 학교 수업만이 아닌 등산이나 운동을 통해 꾸준히 호연지기를 기르는 동시에 끈기와 침착성을 아울러 기르도록 하는 것이 무엇보다 바람직하다. 삶의 이치가 이러함에도 불구하고 부모의 욕심 때문에 아이들에게 학업에 매진토록 하고, 부하가 걸려도 학교에서 최고가 되기만을 기대한다면 얼마 못 가 자녀를 도중에서 낙오하게 만드는 지름길이 된다는 것을 명심할 필요가 있다.

20대는 물 밖에 나온 용!

　20대는 물 속에 잠겨있던 용龍이 물 밖에 나온 경우다. 용龍은 언젠가는 하늘을 자유자재로 날아야 하는 존재이므로 무한정 물 속에만 있을 수는 없는 일이다. 10대가 물 속에서 힘을 비축하는 시기라면, 20대는 10대에 다방면에 걸쳐 축적한 힘을 바탕으로 본격적으로 일을 도모해야 할 때인 것이다. 여기서 큰일을 제대로 이루기 위해서는 무엇보다 자신을 지도해 줄 훌륭한 지도자를 만나야 한다.

　지도자를 만나지 못하고선 발전을 기대하기 어렵기 때문이다. 예컨대 철학을 전공하고자 하는 학생이라면 철학의 권위자가 소속하고 있는 학교를, 물리학을 인생의 목표로 삼은 학생이라면 무조건 유명한 대학보다는 물리학에 실력자가 존재하는 학교를 찾아가는 것이 중요하다는 것이다. 법학은 하버드나 예일Yale을, 공학은 MIT나 캘리포니아 공대Caltech 등을 선택하는 것이 이 같은 경우다.

　『주역周易』의 지혜를 토대로 대학을 진학할 때 활용한다면 매우 유용

할 것이다. 먼저 자신의 적성을 분석한 다음 철저히 자신에게 맞는 분야를 찾아내고 그 다음에 그 분야에서 가장 권위 있고 실력 있는 선생님을 찾아가는 지혜가 필요한 것이다. 사정이 이러함에도 학교의 평판만을 믿고 따랐다가는 진학하여 자신의 기반을 점차 무너뜨려 인생의 실패자가 될 수도 있음을 인식할 필요가 있다.

30대는 비약飛躍을 위해 전력투구하는 용!

30대는 20대에 실력자를 만나 실력을 연마한 다음, 스스로 자신의 위치를 당당하게 점하는 시기에 해당한다고 할 수 있다. 이 시기는 학생시대를 마감하고 윗사람의 위치로 진입해야 하는 시기라 할 수 있다. 말하자면 물에 잠겨 있던 용龍이 물 밖으로 나와 하늘로 날아오르기 직전의 상태이고, 활주로를 내 달리기 시작한 비행기가 창공으로 머리를 향한 상태에 있는 것과 같은 시기라 할 수 있다.

이때는 용龍이 하늘을 날아오를 수 있느냐 없느냐의 기로岐路에 서 있는 중대한 시기라고도 할 수 있다. 이는 지금까지의 축적된 힘을 총동원하여 전력 질주를 해야 하는 시기다. 말하자면 마라톤 선수의 경우, 30대란 반환점 가까이에 도달한 시기라 할 수 있는 것과 같다고 할 수 있다. 이때는 대체로 큰 고통이 수반되는 그야말로 삶에 있어서 힘든 고비를 맞이하는 시기라고도 할 수 있다.

마라톤을 인생에 비유하는 만큼, 이때 좌절하면 후반기 레이스에 제대로 적응을 못할 것은 당연한 일이다. 따라서 자신의 페이스에 맞게 조절하면서 뛸 필요가 있음은 유의할 일이다. 유능한 교육자, 유능한 코치는 이 때 선수가 좌절하지 않고 최적의 페이스를 유지하도록 조련할 것이다. 어렵지만 이 고비를 넘기면 후반의 레이스는 비교적 순탄하게 내 달릴 수 있기 때문이다.

40대는 하늘을 막 날기 시작한 용!

40대는 하늘을 막 날기 시작한 용龍이다. 있는 힘을 다해 이륙한 비행기가 창공을 가로지르는 경우이고, 일반 회사로 본다면 간부의 대열에 들어선 경우이고, 공직에서 본다면 중간간부가 된 경우라 할 수 있다. 이 경우의 사람들은 대체로 남에게 과시하고 싶은 심리를 갖는 것이 보편적이지만 이때 겸손하지 못하거나 행위에 있어 심사숙고하지 못하면 곤란한 지경에 봉착하기 쉬운 때다.

특히 유의할 때다. 이제 막 상층부에 진입한 사람이기에 여러 면에서 경륜이 부족할 뿐만 아니라 나이도 아직은 어린 편이기 때문에 윗사람과 아랫사람 사이, 즉 샌드위치*의 입장이라 처세가 만만하지 않기 때문이다. 따라서 아랫사람에게는 반발을 사지 않도록 늘 일에 있어서 사려 깊게 처세할 필요가 있겠고 윗사람에게는 교만한 사람으로 인식되지 않도록 보다 심혈을 기울여야 할 때다.

이때 조직 내에서 온화하게 지낼 수 있는 지혜는 다름이 아닌 자신이 아직도 30대에 비약을 위해 용龍이 전력투구하듯 열성을 보이는 것

---

* 샌드위치의 유래는 18세기 영국의 샌드위치 백작으로부터 출발한다. 도박에 심취한 그가 식사시간도 아까워 두 조각의 빵 사이에 로스트비프를 끼워 먹은 데서 비롯되었다. 본래 이름은 존 몬터규다. 그는 놀랍게도 당대의 가장 부도덕한 인물로 악명이 높았는데, 왕의 측근임을 이용해 권력을 남용하고 많은 악행을 저질렀다. 도박벽은 그의 소행 중에서는 양질에 속할 정도로 못된 사람으로 유명했다.

이다. 또한 조직의 일원으로서 진정성을 가지고 상대를 대하는 일이
다. 『주역周易』에서 용龍이 막 하늘을 날아올랐지만, 아직도 물 속에 잠
겨있는 것처럼 겸허하게 대처해야 한다고 하는 것은 이를 두고 하는
말이다. 아직 하늘에 오르지 못한 용처럼 말이다.

50대는 마음껏 하늘을 나는 용!

50대는 인생의 황금기에 속한다고 할 수 있다. 평생 쌓아온 실력을
모두 발휘해야 하는 시기이며, 어떤 단체에 속하고 있더라도 그 중심
을 점하는 시기다. 『주역周易』에서는 이 시기를 마음껏 하늘을 나는 龍
이라 표현하고 있다. 이 시기에 있는 사람은 이제 겸손이 미덕이 되지
못한다. 이는 전체를 위해 지금까지 축적해 온 모든 힘을 발휘해야 하
는 시기로 겸손은 오히려 악재가 될 수 있다.
　그리고 전체를 이끌어 가는 것은 자신의 힘만으로는 불가능하기 때
문에 전체의 중심에 있는 사람이 제대로 역할을 하기 위해서는 자신을
보좌할 사람을 만나는 것이 무엇보다 중요한 일이다. 선생의 경우는
우수한 제자를, 기업의 경우엔 능력 있는 실무자를, 통치자의 경우에
는 훌륭한 비서를, 공직일 경우에는 필요한 훌륭한 정책을 만들어 낼
수 있는 부하직원을 만나는 것이 중요하다.
　이와 같은 사람을 얻으면 성공하고 그렇지 못하면 실패하기 쉽다.
만일 50대에 어떤 단체團體의 장長이 된 사람이 있다면, 그는 그 단체
에서 가장 현명한 사람을 발탁하는데 있어 추호의 흔들림 없이 보좌관
으로 삼아야 할 것이다. 사정과 이치가 이러함에도 자신이 단체장이

되는데 공功을 세웠다 하여 논공행상•으로 일관하면 조직은 점차 활로를 잃어 쇠퇴하고 말 것은 말할 것도 없다.

50대는 합리合理와 불합리를 논하는 시기가 이미 지났다고 할 수 있다. 행함에 있어서 합리가 만연되어 있는 시기다. 따라서 조직이 경직되어 있는지 유연성을 확보하고 있는지 확실히 파악하고 있어야 한다. 또한 조직의 리더로서 무엇이 본질本質이고 무엇이 말단末端인지를 통투하고 있어야 한다. 아울러 조직이 어떤 방향성을 가져야 하는지 확실한 비전Vision도 제시해야 한다.

60대는 겸허하게 삶을 마무리 하는 용!

60대에 이르면 이제는 인생의 황금기가 지나 삶을 마무리하는 단계라 할 수 있다. 최근 수명이 예전과 달리 매우 늘어나 과거의 잣대로 바라보는 것이 다소 무리가 따르겠지만, 인생을 크게 여섯 등분으로 나눠 보면 이해할 수 있다. 따라서 60대를 대학으로 본다면 명예교수에 해당하며, 공직의 경우는 정년퇴직에 해당한다고 볼 수 있다. 명예는 높지만 권한은 없는 시기라 할 수 있다.

예컨대 대학에서 정년을 하여 명예교수가 되면 그야말로 과거의 그 엄청난 힘을 모두 추억으로 돌리고 후배 교수들에게 바통을 넘겨주어야 하는 경우와 같다고 할 수 있다. 따라서 과거에 자신을 받들고 따르던 사람들이 따르지 않아 때론 섭섭하고 외로워질 수도 있는 시기

• 논공행상(論功行賞) : 공로가 크고 작음을 논의(조사)하여 서열을 매겨 그에 따른 보상을 하는 것을 뜻함.

생 활 철 학 에 세 이

다. 그러나 섭섭함과 외로움을 참지 못하여 간혹 찾아주는 사람에게 질책을 가하면 오히려 역효과만 드리우기 십상이다.

보편적으로 이 때는 필요에 의해 찾아오는 것이 아닌 옛 정으로 찾아오는 사람들이기 때문에 질책성 행위는 금물이다. 『주역周易』에 '60대에 고자세를 취하면 후회할 일이 있다'고 한 것은 바로 이를 두고 하는 말이다. 가정에서 할아버지 할머니의 자세가 필요하다. 손자들이 찾아올 경우, 쌍수를 들어 얼마나 기쁘게 맞이하는가. 손자들을 위해 온갖 먹을거리며 용돈을 주시는데 인색하지 않다.

이러한 모습들이 바로 『주역』에서 말하는 가르침이다. 달이 차면 기울고, 해가 중천이 되면 저물기 시작하며, 꽃도 피면 반드시 시들고 만다. 사람의 세력勢力이 오래가지 못하는 것은 자연의 이치다. 〈권불십년權不十年〉이라 하지 않던가. 자신의 인생이 기울어졌을 때를 인식하지 못하고 계속 고자세를 취한다면 결국 모두에게 무시되고 버림받게 되어 낭패를 보게 된다는 것을 잊지 말아야 한다.

031

천정부지는 자연의 역행!

〈천정부지天井不知〉! 천장이 얼마나 높은지를 알지 못한다는 뜻으로, 물건값이 마구 오르기만 하는 것을 비유하기도 한다.

천天은 크게 '하늘'이라고 하지만, 그저 단순한 대기의 하늘이 아니라 '하늘'이라고 이를 만한 모든 특성을 통합하는 말이다. 그래서 〈지地〉의 상대어로도 쓰이며, 만물의 주재자, 자연의 법칙, 운명 등 여러 의미가 담겨 있는데, 그 중에는 '높다'의 의미도 포함되어 있다. 그리고 〈정井〉은 단순히 우물만의 뜻이 아니라, 우물을 둘러싸고 있는 난간의 모양이란 뜻도 지니고 있다.

따라서 우리가 보통 말하는 〈천정天井〉이란 방이나 마루 등에서 가장 위를 지칭하는 말인데, 방이나 마루에서는 상대적으로 가장 높기 때문에 〈천天〉을 사용한 것이고, 또 대부분 〈천정〉의 모양이 정방형이라 우물을 둘러싸고 있는 정방형의 난간 모양을 본 떠 〈정#〉자를 쓴 것이라 볼 수 있다. 따라서 〈천정부지〉란 막힌 공간에서 가장 높은 천정이 얼마나 높은지를 알지 못한다는 뜻이다.

이렇게 유래한 천정부지가 요즘은 물건값이 내릴 줄은 모르고 계속 치솟기만 하여 어디까지 오를지 모를 때 쓰이곤 한다. 주지하듯 최근 부동산 값이 천정부지로 오르고 있다.[*] 전국적인 현상이다. 이에 정책 당국자들은 온갖 수고를 아끼지 않고 이런 저런 처방을 내 놓고 진정되기만을 기대하고 있지만 표면적으로 일시적 현상만 나타날 뿐, 실제 투기세력들에 의한 가격주도에 제동이 걸리지 않고 있다.

뭐가 잘못 되도 한참 잘못되고 있다고 난리다. 그러면서 차익을 노리는 세력이 끊이지 않아 부동산 가격의 천정부지는 지속되고 있다. 그러나 '사물이 극하면 반전한다(물극필반 : 物極必反)'고 하지 않던가. 물극필반의 논리를 통해 부동산의 가격동향을 분석해 보면, 몇 가지 예외적인 부분이 있긴 하지만 어떤 형태로든 앞으로 부동산 가격은 반드시 내림새로 돌아서지 않을 수 없도록 되어 있다.

가까운 예로 가까운 일본은 호경기 때임에도 부동산 가격폭락으로 인해 나라가 굉장한 어려움을 겪었고 현재도 사정은 좋지 않다. 그럼에도 우리는 사정이 그 반대의 경우임에도 도리어 부동산 가격은 폭등하고 있으니 반드시 반전할 것이 확실하다. 예컨대 강남의 109m²(33평)형 아파트 한 채 가격이 15억 원에 거래 되었다는 언론의 보도에

<hr>

모두가 '정상이 아닌 미친 가격'이라는 말에 유의할 필요가 있다.

　말하자면 거래의 당사자들도 믿지 못할 가격이라면 이는 실소유자가 아닌 〈천정부지〉에 의지한 어떤 기대심리 때문에 계속 거품이 형성되고 있다는 얘기다. 일찍이 노자는 사람이 발을 땅에 붙이지 않고 오래설 수 없다고 한 적이 있다. 정상이 아니면 오래갈 수 없다는 지극히 상식적인 말이다. 따라서 이러한 부동산 가격폭등은 조만간 정점을 지나 자연스럽게 하향곡선을 그릴 것은 불을 보듯 뻔한 일이다.

　다시 말하면 지금은 여러 지표 혹은 금융권의 움직임을 볼 때, 정점頂點에 즉 극極에 다다라 가는 시점으로 볼 수 있다. 이는 다른 말로 하면 변화變化(가장 최적의 상태로의 지향)의 조짐이라고도 할 수 있다. 변화를 읽어야 한다. 이것이 자연에 순응하는 일이다. 현명함과 우둔함의 차이는 자연에 순응과 역행의 차이라고 하지 않던가. 하루 빨리 미친 곳에서 벗어나야 한다. 〈천정부지〉는 잠시일 뿐이다.

032

내버려 둬야겠다! 내버려 둬야겠어!!

초등학교를 다니던 삼십 육칠 년 전 필자의 집은 강원도 오지였다. 그 때 전기라는 문명의 혜택이 처음으로 우리에게 제공되기 시작했던 것으로 기억한다. 하지만 당시의 전력 공급 상황이라는 것이 지금처럼 안정적으로 공급되지는 못하던 시대였다. 하루에 고작해야 대~ 여섯 시간이나 공급이 되었을까.

지금 생각하면 참으로 불편하기 짝이 없던 시절이었다. 그런데도 전기가 마을에 들어옴으로 인해 비로소 바깥세상을 볼 수 있었던 점을 고려하면, 게다가 텔레비전이라는 문명의 이기를 통해 이전에 전혀 볼 수 없던 새로운 세상을 접하게 된 것을 생각하면, 이 정도의 불편함은 얼마든지 감당할 수 있었다.

당시 우리 마을에는 두~어 집이 텔레비전을 소유하고 있었다. 한 집에는 월남을 막 다녀온 육군 장교의 집에서, 또 한 집은 요즘으로 치면 만화가게 같은 조그마한 가게에서 소유했다. 우리는 이곳에서 주로 텔레비전을 시청했는데, 당시 텔레비전을 시청하려면 시청료로 10원을 지불해야만 시청을 허용했다.

당시 10원의 가치는 사실 우리 아이들에게는 적지 않은 돈이었다. 그러나 당시의 우리는 돈이 생기기만 하면 무섭게 그 가게로 달려가곤 했다. 텔레비전을 시청하는 만큼 재미를 주는 것은 당시엔 없었기 때문이다. 아이들이 텔레비전을 시청하는 것, 하루 중 최고의 일과였을 정도로 텔레비전 시청은 당대 최고의 마술기계였다.

그렇게 지내던 우리들은 얼마 지나지 않아, 듣도 보도 못했던 전자오락기라는 기계가 우리 앞에 출현했다. 지금 생각하면 매우 수준 낮은 컴퓨터였지만 우린 모두 반 미친놈들처럼 그 앞으로 몰려갔다. 이전에 가장 인기가 있었던 텔레비전 시청은 흘러간 옛 노래에 비유될 만큼 아이들의 관심은 순식간에 멀어져 갔다.

전자오락기, 아이들에게는 인기만점의 기계였다. 더 이상의 놀이는 없을 것만 같았다. 당시 가장 인기가 있었던 것은 역시 '겔로그'라는 게임. 누가 몇 점을 올리느냐에 따라 아이들의 능력이 평가되곤 했는데, 어떻게 하면 자신의 점수를 높일까 틈만 나면 오락실로 달려가 눈에 불을 켜가며 점수 높이기에 혈안이었다.

항상 그렇지만 작용이 있으면 반작용도 있는 법. 아이들이 전자오락기에 몰입하는 동안 학업은 뒷전일 수밖에 없었다. 아이들은 당장 자신의 능력은 오락점수지 학교시험 점수가 아니었기 때문에 공부하고

는 자연 멀어질 수밖에 없었다. 방학 때는 거의 오락실에서 살다시피
하는 아이들로 전자오락실은 늘 북적였다.

시간은 그렇게 쉴 새 없이 흘러 어느덧 성인이 되었다. 다들 국방의
의무를 지게 되는 나이가 되었다. 그래서인지 전자오락의 인기가 한
풀 꺾이는가 싶더니, '당구'로 그 놀이의 대상이 점차 바뀌어 갔다. 모
두가 당구라는 놀이에 대단히 몰입하며 살아갔다. 이전의 전자오락기
에 몰입해 정신을 잃고 살아가던 것처럼.

그렇게 어떤 특정한 게임이나 오락에 몰입하며 살아가다 한 친구 두
친구 가정을 꾸리게 되었다. 주자朱子•가 일찍이 주장했던 것처럼 세
월은 결코 우리를 기다려 주지 않고 쏜 살 같이 흘러가 버린 것이다.
삼십 육칠 년전 아이들이었던 우리는 작게는 초등학생 크게는 대학생
이 된 자녀들을 두고 살아가고 있다.

오래 전 아이들이었던 우리가 즐겨 행했던 이와 같은 오락들을 이제
우리의 아이들이 그 바통을 이어받아 열심히 아주 수준 높게(?) 미쳐
살아가고 있다. 물론 그 때와 양상이 약간 달라지긴 했지만 유사한 오
락들을 즐기며 살아가는 것을 보면, 역시 사람의 삶의 구조란 예나 지
금이나 크게 다르지 않은 모양이다.

어떤 이들은 요즘 삶의 질을 거론하면서, 과거와 비교해 엄청나게
높아졌다고 주장하는 것을 자주 목격하곤 한다. 무엇이 과연 삶의 질
인지는 따져 보아야 하겠지만 굉장한 변화變化를 겪어가고 있는 것만

은 분명한 일로 보인다. 하지만 그 변화의 중심, 즉 핵심은 이전의 범주에서 크게 벗어나지 않는다.

〈교각살우矯角殺牛〉•라는 말이 있다. 순리대로 살라는 말이다. 과거 우리가 그리 살아 왔고 현재도 그렇게 살아가면서 아이들에게는 그렇게 살지 말라 한다. 공자孔子도 "내가 하고 싶지 않은 것을 남에게 시키지 말라"••는 말씀을 한바 있는데, 우리는 아이들에게 무심코 부과하고 있다. 필자를 포함한 수많은 부모님들이.

우리 아이도 요즘 컴퓨터라는 마법사에 걸려 속 된 말로 미쳐 살아가고 있다. 학업은 역시 뒷전인체. 동시대를 살아가는 우리의 이웃들 역시 아이들 문제로 많은 갈등을 하며 살아가고 있는 것을 목격한다. 그 갈등의 원인이라는 것이 사실 우리가 이미 경험했던 것에서 크게 벗어나지 않는 것들인데도 말이다.

내버려 둬야겠다! 내버려 둬야겠어!! 우리가 그렇게 살아왔던 것처럼!!!

• 교각살우(矯角殺牛) : 소의 뿔 모양을 바로잡으려다가 소를 죽인다는 뜻으로, 작은 흠이나 결점을 고치려다가 도리어 일을 그르치는 것을 의미한다.

•• 『논어』, 「위령공」 : 己所不欲 勿施於人.

생 활 철 학   에 세 이

033

바보보다는 심보를 길러야!

노무현 전 대통령의 서거•로 그의 애칭인 '바보'가 인구에 회자膾炙••되고 있다. '바보'라는 말, 사전적 의미로는 '어리석고 멍청하거나 못난 사람'을 지칭한다. 그러나 본래 우리네 정서의 의미로는 '어리석고 멍청하거나 못난 사람'을 지칭할 때 사용하는 말이 아니다. 즉 '바보'라는 말은 '심보'라는 말에 상반되는 말이다.

여기서 '바보'와 '심보'에서 알 수 있듯 공통적인 접미사인 '보'라는 말은 사람에게만 붙는 접미사다. 마치 잘 우는 아이에게 붙이는 '울보'처럼. 그렇다면 바보의 실질적 의미는 무엇인가. '바보'의 어원을 통해

• 본 글은 2009년 6월 1일 작성한 것임.
•• 회자(膾炙) : 회와 구운 고기를 좋아하듯, 사람들의 입에 자주 오르내림을 뜻함.

그 해답을 찾을 수 있다. ‘바보’란 ‘밥보’에서 온 말이다. 즉 눈만 뜨면 먹을 것(물질적)을 찾는 사람을 지칭할 때 ‘바보’라는 말을 하는 것이다.

여하튼 ‘바보’라는 말은 ‘심보’라는 말의 상반된 의미로 쉽게 얘기하면 속물근성이 강한 ‘물질적인 사람’을 지칭할 때 쓰는 말이다. 물론 ‘심보’는 ‘정신적인 사람’을 지칭함은 말할 것도 없다. 이런 의미에서 노무현 전 대통령을 ‘바보’라고 칭하는 것은 부적절한 말임을 알 수 있다. ‘바보’보다는 ‘심보’가 괜찮은 사람이라고 하는 것이 보다 올바른 표현일 것이다.

예로부터 ‘바보’가 되지 말고 ‘심보’를 키우라고 했다. 즉 먹는 데(물질적)만 골몰하지 말고 인간이 어떻게 살아야 하는지를 끊임없이 성찰할 수 있는 ‘심보’에 더 관심이 많았다. 그럼에도 요즘은 ‘바보’로 사는 것을 마다하지 않는다. 배금주의가 극에 달해 있음을 반증한다. 수준 낮은 ‘바보’로 살 것인가. 더불어 사는 ‘심보’를 기를 것인가. 그것이 문제로다.

사람 잡아먹는 사람들!

쇠고기 1kg을 생산하는데 들어가는 물의 양, 대략 20만 리터, 미국에서 소비되는 물의 절반 정도가 가축사육에 사용되고, 1900년대 이후 중앙아프리카 숲의 25% 정도가 목초지 조성으로 벌목, 1970년대 말 중앙아프리카 전체 농토의 70% 이상을 소 등 가축들에게 내주고 있다.

우리 지구촌에는 해마다 약 3천만 명이 굶어죽고 있고, 약 8억 명이 만성기아에 허덕이고 있다. 또 가축들은 이 지구상에서 생산되는 곡물의 약 3분의 1을 먹어치우고 있다. 이쯤 되면 가축이 사람을 잡아먹는 꼴 아닌가? 아니다. 결국은 '사람이 사람을 잡아먹는 셈'이다!

'민주사회'라고 틈만 나면 외쳐 되는 사람이 수 없이 많건만, 형태만

달리할 뿐 약육강식은 여전히 존재하고 있다. 그렇다면 이러한 악순환
의 고리를 어떻게 끊어야 할까? 그리고 이러한 굴절된 모습들이 언제
나 제 자리를 잡아갈까? 과연 사람이 진실로 사람답게 사는 날이 올
순 있을까?

생 활 철 학   에 세 이

2
부

정치철학 에세이

035

정의와 지도자의 자세

국무총리 인사 청문회로 여야가 서로 아귀다툼 중•이다. 여당은 일부 흠이 있더라도 어떻게 하든 통과시켜 국정에 공백을 없애려 하고 있고, 야당은 고위 공직자일수록 엄격한 도덕성이 담보되어야 함을 역설하면서 날을 세우고 있다. 양 진영의 주장에 귀가 솔깃해진다. 그러나 그 흠결이라는 것이 지금까지 드러난 것을 보면 결국 사적 이로움을 취한 부분들이 다수다. 어떻게 보면 작은 부분이라 할 수 있는 것들이다. 소탐대실小貪大失의 전형이라 할까. 그래서 안타깝다.

• 2010년 10월 현재, 김황식 국무총리 후보자는 많은 상처를 안고 인준되어 총리로서 직무를 수행하고 있다.

부富와 명예(권력)를 동시에 차지하는 시대가 있었다. 아니 지금까지 그래왔다. 그래서 그런지 하나를 취하면 둘 셋 취하기 쉬웠다. 그렇게 통용 되다가 분리해야 한다는 목소리가 대세를 이루면서 정의正義가 요구되고 있다. 그래서인지 마이클 센델Michael J. Sandel 교수의 『정의란 무엇인가』(이창신 옮김, 김영사)가 최근 화제다. 갑자기 정치철학에 대한 관심이 높아진 것은 아닐 테지만, 그의 정의에 관한 이런 저런 예가 최근의 청문회와 무관하지 않을 것이라는 점에서 새롭다. 때론 이런 현상이 경이로워 보이기도 한다.

여하튼 '정의와 지도자의 자세'에 대해 다시금 살펴보기 위해 동서양의 고전을 들춰보았다. 『관자』의 여러 주장들 가운데, 한 구절에 멈췄다. 한참을 뚫어지게 노려(음미)보다가 인사청문회와 도킹했다. 이에 착안, 다음과 같은 글을 하나 지었다. "명주불위중물위기공위 공위귀어중물明主不爲重物危其公位 公位貴於重物"이라고. 풀어서 보면, "현명한 지도자는 소중한 재물 때문에 공적인 지위를 위태롭게 하지 않는다. 공적인 지위가 소중한 재물보다 귀하기 때문이다." 아! 이제 세상이 제대로 자리를 잡아가려나.

036

개나 소나 능력도 없으면서!

어떤 사람이 일단 권세 있는 자리에 오르게 되면 덩달아 출세하는 인사들이 생기게 마련이다. 물론 어떤 권세가 한 사람의 힘으로 만들어진 것이 아니라서 후에 〈논공행상論功行賞〉을 하는 것이겠지만, 이런 경우에 쓰는 성어를 이른바 〈계견승천鷄犬昇天〉이라 한다. 요즘말로 하면 '개나 소나 덩달아 하늘에 오른다'는 말이다.

예로부터 도교道敎(황제와 노자를 교조로 삼은 중국의 토착종교)*에서는 도를 닦는 사람들의 궁극적인 목표가 신선술神仙術을 터득하여 승천해서 영원한 삶을 사는 것이었다. 그래서 먹으면 신선이 될 수 있다는 이른바

---

* 노자(老子)와 장자(莊子)를 중심으로 한 도가(道家)사상과 구별된다.

단약丹藥을 만드는 것이 유행하기도 했고, 이에 대한 설화와 전설이 많이 전해지기도 했다.

옛날 중국 한나라 때 회남왕淮南王 유안劉安이 신선술을 찾아 천하를 떠돌다가 인공人公이라는 신선을 만나 단약 만드는 비법을 전수 받았다. 유안은 비법에 따라 정성껏 단약을 만들어 먹자 승천했는데, 곁에서 보고 있던 '개와 닭'이 유안이 만들다 남은 약 몇 알갱이를 주워 먹자 덩달아 승천했다고 한다.

최근 고위관료들의 도덕성 검증이 매우 엄격해지면서 이런 저런 고관대작들이 줄줄이 도중하차하고 있다. 얼마전 총리후보와 장관후보들이 줄줄이 낙마하고 새로운 총리후보•가 검증을 기다리고 있다. 모두가 자신의 능력과 무관하게 한 사람의 권세를 이용하다가 얼굴에 먹칠을 하고 나가떨어지고 있는 것이다.

과거엔 '닭이나 개'가 날뛰다鷄犬昇天가 요즘은 '개나 소 같은 인사'들이 날뛴다고 한다. 적합한 자리에 적합한 인사가 가면 더없이 좋겠지만 능력도 없이 자리만 차지하려니 문제가 끊이지 않는 것일 게다. 권력자 주변에서 단물만 빨던 인사들은 잘 새겨둬야 한다. '보금자리가 부서지면 알도 쉽게 깨진다'••는 것을.

• 본 글은 2010년 9월 17일 쓴 글이지만 10월 현재, 총리 후보자는 적지 않은 허물에도 인준되어 총리로서 직무를 수행하고 있다.

•• 소훼난파(巢毁卵破) : 새집이 부서지면 알도 깨진다는 뜻으로, 국가나 사회 또는 조직이나 집단이 무너지면 그 구성원들도 피해를 입게 됨을 의미한다.

용맹보다 의가 먼저다!

공자는 훌륭한 제자들이 많았다. 그러나 모두가 지혜롭지는 않았다. 돌쇠형의 자로子路라는 제자도 있었는데, 그는 어느 날 "군자는 용맹을 숭상합니까?"하고 물었다. 공자는 "군자는 의義를 으뜸으로 삼는다. 군자가 용맹만 있고 의가 없다면 난亂을 일으키고, 소인이 용맹만 있고 의가 없으면 도적질을 할 것"◆이라 답했다.

풀어보면 자로는 자신의 용맹만 믿고 천하의 일이 용맹만 있으면 되는 줄 알고 선생님께 물은 것이다. 공자는 군자는 의로 으뜸을 삼으니 의에 비추어 보아 마땅히 할 것이면 반드시 하고, 의에 비추어 마땅히 하지 않을 것이면 하지 않는다. 말하자면 군자가 숭상하는 것은 오직

◆ 「논어」, 「양화」 : 子路曰 君子尚勇乎 子曰 君子義以爲上 君子有勇而無義 爲亂 小人有勇而無義 爲盜.

의에 마땅한 것에만 행한다는 말이다.

만일 윗자리에 있는 군자가 의를 모르고 오로지 용맹만 숭상하면 이치를 거스르고 분수를 범하여 결국 난亂을 일으킬 것이고, 아래 자리에 있는 백성이 한갓 용맹만 있고 의義로써 제재함이 없다면, 곧 흉포하게 되어 결국 도적이 된다는 말씀을 강조한 것이다. 때문에 어찌 용맹만을 숭상하겠는가? 라고 답한 것이다.

한편 용맹만을 믿고 까부는 자로에 대해 "맨 손으로 호랑이를 잡으려 하고 맨 몸으로 강을 건너려다가 죽어도 후회함이 없는 사람하고는 함께 하지 않을 것이다. 나는 일(사업, 정책)을 함에 있어서 반드시 두려워하고, 일(사업, 정책)을 도모하기를 좋아하되, 반드시 성공하는 사람과 함께 할 것"●이라 답한 바도 있다.

위의 말은 삼군三軍 즉, 전군前軍 중군中軍 후군後軍(일군은 12,500명)을 지휘하는 사람(이른바 지도자)의 자질에 관해 언급하면서 나온 말인데, 삼군과 같은 대군을 지휘한다는 것은 쉬운 일이 아니기 때문에 자로와 같은 이는 곤란함을 표현한 것이다. 오로지 용맹만이 아닌 참 지혜의 소유자여야 한다는 것이다.

다시 말하면 대군을 이끌 지도자는 '한갓 혈기만 믿고 호랑이를 맨 손으로 때려잡거나, 황하와 같은 큰 강을 맨 몸으로 건너다가 스스로 죽어도 후회하지 않을 사람'에게는 자격이 없다는 말이다. 반드시 정책을 꾀함에 늘 두려워하며 과감果敢하게 결단해야 함을 의미한다. 용맹이 아닌 의義가 먼저임을 알아야 한다.

● 『논어』, 「술이」 : 子曰 暴虎馮河 死而無悔者 吾不與也 必也臨事而懼 好謀而成者也.

  정치철학 에세이

038

오십보백보

〈오십보백보五十步百步〉 이야기가 있다. 전쟁 중에 오십보를 도망친 사람이 백보 도망친 사람을 보고 비웃는다는 얘기다. 중국의 위나라 혜왕은 진나라의 압박을 견디다 못해 도읍을 대량으로 옮겼다. 그러나 제나라와의 싸움에서도 늘 패하는 바람에 국력은 극도로 쇠약해졌다. 그래서 혜왕은 국력회복을 자문하기 위해 당시 제후들에게 왕도정치론을 펼치던 맹자를 초빙했다.

혜왕이 맹자에게 "선생께서 천리 길도 멀다 않고 이렇게 와 주신 것은 과인寡人에게 부국강병의 비책을 가르쳐주기 위함이 아니겠습니까?" 맹자가 "저는 귀국貴國의 부국강병과 아무 상관없이 다만 인의仁義에 대해서만 말씀드리고자 이렇게 찾았습니다."라고 답하자, 혜왕은

"백성을 생각한다는 인의仁義의 정치라면 과인은 벌써부터 힘써 베풀어 오고 있습니다.

예컨대 하내河內 지방에 흉년이 들면 젊은이들을 하동河東 지방으로 옮기고, 늙은이와 아이들에게는 하동에서 곡식을 가져다가 나누어 주도록 하고 있습니다. 또 이와는 반대로 하동에 기근이 들면 하내河內의 곡식을 가지고 구호하도록 힘쓰고 있습니다. 그런데 이상하게도 우리 백성들은 과인을 사모하여 모여드는 것 같지 않습니다. 대체 이게 어찌된 일입니까?"

맹자가 "전하께서는 전쟁을 좋아하시니 전쟁에 비유해서 말씀드리겠습니다. 전쟁터에서 두 병사가 전쟁에 패할 것을 우려해 무기를 버리고 도망쳤습니다. 그런데 오십보를 도망친 병사가 백보를 도망친 병사에게 비겁한 놈이라고 비웃었다면 전하께서는 이 상황을 어떻게 이해하시겠습니까?" 혜왕은 "그런 바보 같은 놈이 있소? 오십보든 백보든 도망치기는 마찬가지 아니오?"

맹자는 "그걸 아셨다면 백성을 보호하는 전하의 목적은 인의仁義의 정치와 상관없이 부국강병富國强兵만을 지향하는 이웃 나라와 무엇이 다릅니까?" 혜왕은 이 말에 아무 말도 못했다. 부국강병을 나라의 목적으로 삼아 백성을 보호한다는 명분은 가지고 있지만 사실은 백성의 삶의 질을 떨어뜨려 이웃나라나 혜왕의 나라나 별 반 다르지 않은 오십보백보였기 때문이다.

북한의 주민들이 끊임없이 탈북하고 있다는 소식•이다. 김일성, 김정일 부자父子 정권이 그간 인민人民을 위한 정치를 한다고 했지만 사실은 위에서 말한 혜왕과 같은 강병強兵 위주의 정책과 무관하지 않은 결과다. 물론 경제적인 부분에서 다소 낫다는 이유로 탈북한 주민이 우리나라로 유입되고 있지만 마냥 기뻐할 일이 아니다. 또 다른 오십보 백보 가능성이 있기 때문이다.

분위기를 살짝 바꿔 우리의 교육실태를 보자. 〈백년지대계百年之大計〉라는 말이 무색할 정도로 교육정책이 개판이라고 아우성이다. 때문인지 수많은 사람들이 돌파구를 찾기 위해 외국으로의 유학러시가 끊이지 않고 있고, 자녀의 교육을 위해 이민을 불사하는 사람도 부지기수란다. 잘 먹고는 있지만 잘살지는 못한다는 반증 아닌가. 눈을 비비고 새롭게 봐라볼 때가 아닌가 싶다.

2천 3백년 전, 혜왕이 부국강병을 한답시고 백성을 못살게 굴어 삶이 피폐해진 것이나, 북한의 정권이 인민을 위한다고 하면서도 강병強兵위주의 정책으로 일관하다가 오히려 인민들의 삶의 질이 떨어져 탈북행렬을 이루는 것이나, 우리의 교육정책이 개판이라고 외국으로의 유학 행렬이 끊이지 않는 형국이 딱 오십보백보다. 남의 나라 사정을 논하기에 앞서 우리의 자화상을 살필 때다.

• 2010년 9월 현재, 여전히 탈북의 소식은 끊이지 않고 있고, 언론에서는 김일성과 김정일에 이어 김정은으로의 3대 세습에 대한 소식을 전하기 바쁘다.

039

광화문 복원에 대한 단상

어느덧 광복光復한지 65주년•이다. 아! 광복光復!! 갑오경장甲午更張을 통해 뭔가 새로운 변화의 기운이 싹트다(?)가 일제의 폭압에 수십 년간 마음 놓고 호흡 한 번 제대로 못하다가 빛을 되찾은 지 65년이 되었단다. 또한 때 맞춰 수난의 수난을 겪어온 광화문光化門도 원래에 가깝게 그 자리에 복원되었단다. 즈음하여 광화문의 광화光化에 대한 의미를 되새겨 보면 어떨까 한다.

'광화光化'란 본래 천자天子에 의한 덕화德化를 의미한다. 먼저 '光'에 대해 살펴보면, 이른바 정치학 교과서로 불리는『서경』에 나타난다.

• 본글은 역사적 의미를 위해 2010년 8월 15일 과거의 자료를 수정 · 보완한 것임.

"옛 요임금을 자세히 살피건대, 천하에 정성을 다하여 이룩한 공로를 본받을 만하다고 할 것이니, 경건하고 밝으시며 문채文彩나고 생각하심이 저절로 안정되고 공손하며 겸손하였다. 원래의 빛光이 온 천하에 미침이 하늘과 땅에 이르렀다."●고 전한다.

또 같은 책의 "무릇 서민 대중庶民들이 황극에 대하여 펼쳐 말한 바를 교훈으로 삼고 행하면, 천자의 빛光에 가까워진다. 그래서 천자가 민중의 부모가 되어야 천하의 왕이 된다."●●고도 전한다. 모두가 최고 지도자는 정치역량을 발휘하여 민중들과 오로지 함께해야 함을 의미한다. 지금처럼 대통령 따로 서민 따로 부자와 가난한 사람이 따로 존재해선 곤란하다는 얘기다.

일찍이 송대 때의 성리학자인 채침蔡沈(1176~1230년)●●●은「홍범弘範」의 '광光'에 대해 "도덕의 광화光華이다. 천자는 백성들과 비교할 때 성性이 같을 뿐이니, 다스림에 목표로 삼아야 할 바(황극皇極)에 대해 백성들이 펼쳐 말한(부연敷衍)바를 교훈으로 삼고 행하면 도덕의 광화를 가까이 할 수 있다."●●●●고 풀이한바 있다. 즉 '광'을 천자의 도덕적 광화라고 이해한 것이다.

다음으로 '화化'에 대해 살펴보면, 『주역』에 나타난다. 건乾괘를 풀이하면서 "삐뚤어진 마음을 막고 정성스러운 마음을 보존하여 세상을 좋게 하지만 자랑하지 않고, 덕이 널리 베풀어져 만물을 교화시킨

● 『서경』, 「요전」: 日若稽古帝堯 日放勳 欽明文思安安 允恭克讓 光被四表 格于上下.
●● 『서경』, 「홍범」: 凡厥庶民 極之敷言 是訓是行 以近天子之光 日 天子作民父母 以爲天下王.
●●● 채침은 주자에게 사사했다. 훗날 주희가 완성하지 못한 『서경』을 연구 『서집전』을 완성하였다.
●●●● 『서경』, 「홍범」: 光者 道德之光華也 天子之於庶民 性一而已 庶民 於極之敷言 是訓是行 則可 以近天子道德之光華也.

다."•는 데에서 인용되었음을 알 수 있다. 이렇게 해서 만들어진 '광화光化'는 오래 전부터 사용되었다. 『위서魏書』, 「함양왕희전咸陽王禧傳」에서도 이를 확인할 수 있다.

희禧••가 답하길 "폐하의 성스러움은 요임금이나 순임금보다 더 뛰어나 중원을 광화光化하셨습니다. 신이 비록 밝은 법칙을 받들어 아뢰어도 매사 어긋나니, 장차 어떻게 황경皇經을 선포하고 제칙帝則을 부찬敷贊•••하겠습니까? 어긴 죄는 실로 형벌을 받아야 합니다."••••라고 전한다. 이처럼 광화光化는 곧 백성의 모범인 임금의 교화敎化를 통해 백성과 함께하는 것임을 알 수 있다.

말하자면, 황극皇極은 지도자의 지극한 표준이므로 지도자가 먼저 모범을 보이면 서민 대중들은 자연 그것을 본받아 따라간다는 의미다. 가끔 정치지도자들이 자신들의 허물은 덮어둔 채, 국민의 의식수준을 들먹이곤 하는데 어불성설이 아닐 수 없다. 타락한 문화를 다시 일으켜 세우려면 먼저 지도자들이 모범을 보여야 한다. 65주년 광복光復과 광화光化의 의미를 살피고 실천할 때다.

• 『주역』, 건괘 : 閑邪存其誠 善世而不伐 德博而化.

•• 함양왕 희는 남북조시대 북위(北魏) 효문제(孝文帝, 재위 471~499년)의 동생이다.

••• 황제의 명을 알리고 법과 규칙을 알릴 수 있겠느냐는 뜻이다.

•••• 禧對曰 陛下 聖過堯舜 光化中原 臣雖仰稟明規 每事乖互 將何以宣布皇經 敷贊帝則 舛違之罪 實合刑憲.

정 치 철 학   에 세 이

040

인재를 키우자!

〈관포지교管鮑之交〉라는 고사가 있다. '관중과 포숙아鮑叔牙의 사귐'이란 말로 그들은 어려서부터 함께 자란 〈죽마고우竹馬故友〉*였다. 포숙아는 관중의 범상치 않은 재능을 간파했고, 관중은 포숙아의 사람 이해하는 능력을 알아보았다. 두 사람은 성장하여 각각 벼슬길에 올랐는데, 관중은 공자公子 규糾를 섬기게 되었고, 포숙아는 규의 아우인 소백小白을 섬기게 되었다. 후에 두 공자는 왕위를 둘러싸고 격렬히 대립하게 되었다.

이 싸움에서 소백이 승리했다. 그는 제나라의 새 군주가 되어 환공

* 죽마는 대나무로 만든 말로, 아이들의 장난감이다. 죽마고우는 어릴 때의 친구, 즉 소꿉동무를 뜻한다. 이와 비슷한 말로 기죽지교(騎竹之交), 죽마지호(竹馬之好) 등이 있다.

桓公이라 일컫고, 형 규를 죽이고 측근이었던 관중도 죽이려 했다. 그때 포숙아가 환공에게 진언했다. "관중의 재능은 저보다 훨씬 낫습니다. 제나라만 다스리는 것으로 만족하신다면 저의 역량으로 충분합니다. 다만 천하天下를 다스리고자 한다면 관중을 기용하셔야 합니다." 환공은 포숙아의 진언을 받아들여 관중을 대부大夫로 중용하고 정사政事를 맡겼다.

재상宰相이 된 관중은 포숙아와 환공의 기대에 어긋나지 않게 마음껏 수완을 발휘해 결국 환공으로 하여금 춘추시대春秋時代의 패자覇者로 군림하게 했다. 관중은 포숙아에 대한 고마운 마음을 다음과 같이 회고한바 있다. "내가 젊고 가난했을 때, 포숙아와 함께 장사를 하면서도 나는 언제나 그보다 더 많은 이득을 취했다. 그러나 포숙은 나에게 욕심쟁이라고 말하지 않았다. 그는 내가 가난한 것을 알고 있었기 때문이다.

나는 또 몇 번씩 벼슬에 나갔으나 그때마다 쫓겨났다. 그래도 그는 나를 무능無能하다고 흉보지 않았다. 내게 아직 운이 없기 때문에 그렇게 되었다고 생각한 것이다. 싸움터에서 도망친 적도 있으나 그는 나를 겁쟁이라 하지 않았다. 나에게 늙은 어머니가 계시기 때문이라고 생각한 것이다. 공자 규가 후계자 싸움에서 패하여 동료 소홀召忽은 싸움에서 죽고, 나는 묶이는 치욕을 당했지만 그는 나를 염치없다고 비웃지 않았다.

내가 작은 일에 부끄러워하기보다 공명을 천하天下에 알리지 못함을 부끄러워 한다는 것을 알고 있었기 때문이다. 나를 낳아준 이는 부모이지만 나를 진정으로 알아준 사람은 포숙아이다.●" 이렇게 해서 생겨난 말이 〈관포지교〉다. 이처럼 관중은 춘추시대 때, 제나라 환공을 첫 패자로 만든 장본인이자 명재상으로서 자신의 정책을 유감없이 펼쳤다. 『관자』라는 책을 통해 그의 능력을 확인할 수 있는데, 다음과 같은 이야기가 들어있다.

> 일년의 계획은 곡식을 심는 것보다 중요한 것이 없고, 십년의 계획은 나무를 심는 것보다 중요한 것이 없으며, 일생의 계획은 사람을 키우는 것보다 중요한 것이 없다. 한 번 심어서 한 번 거두는 것은 곡식이고, 한 번 심어서 열배를 얻는 것은 나무이며, 한 번 키워서 백배를 얻는 것은 사람이다. 내가 진실로 인재를 키우면 귀신같이 그를 쓸 수 있을 것이니, 나라 다스리기를 귀신같이 할 수 있으면 군주의 자격이 있다.**

인재 만들기 쉽지 않은 때다. 그렇다고 마냥 손놓고 있기도 답답한 노릇이다. 어쩌다 선한 일을 했다고 바로 복福이 오지 않고, 악한 일을 저질렀다고 바로 화禍가 당도하는 것도 아니지만, 화를 멀리하고 복을 점차 가까이 할 수 있는 것은 모두가 어떤 마음가짐으로 움직였느냐에 따라 달라진다. 천양지차天壤之差도 호리毫釐에서 출발한다고 하지 않던가. 어차피 무언가 키워야 할 거라면 인재를 키우는 건 어떨까?

* 生我者父母 知我者鮑叔.

** 『관자』, 「권수」: 一年之計 莫如樹穀 十年之計 莫如樹木 終身之計 莫如樹人 一樹一穫者 穀也 一樹十穫者 木也 一樹百穫者 人也 我苟種之 如神用之 擧事如神 唯王之門.

041

공공서비스는 오로지 시민을 위해서다!

시민의 의무(징병)를 통해 루소•는 『사회계약론』에서 시민의 의무를 팔릴 물건(상품)으로 전락시키는 행위는 자유의 가치를 옹호하는 것이 아니라 오히려 깎아내리는 짓이라 비판한다.

공공서비스가 시민의 으뜸 관심사에서 멀어지는 순간 그것을 사람이 아닌 돈으로 해결하려 하는 순간 국가의 몰락은 가까워진다.

• 장자크 루소(Jean-Jacques Rousseau, 1712~1778) : 18세기 프랑스의 사상가. 그의 작품은 『신 엘로이즈』, 『에밀』, 『고백록』 등으로 유명하다. 프랑스 혁명에서 그의 자유민권 사상은 혁명지도자들의 사상적 지주가 되었다.

　최근 공공성을 무시한 효율성과 성과를 근거로 '민간위탁' 운운 하는데 대해 심히 우려를 하지 않을 수 없게 한다. 특히 물과 전기 가스 등 공공재의 경우, 시민들의 관심사에서 점차 멀어져 간다는 것은 그만큼 시민의 삶의 질이 떨어질 수 있다는 점에서 큰 고민이 필요하다. 공직은 시민을 위해 존재하기 때문이다.

042

정조 탄식의 한 장면

소인小人과 함께하기란 역시 쉽지 않은 모양이다. 아래는 정조•
가 친위군인 장용영壯勇營을 신설하는 과정에서 얼마나 비판이 뒤따랐는
지를 떠올리게 하는 장면이다. 개혁이던 수구든 저항하는 세력은 있게
마련이지만 분명한 것은 소인배와 함께 하기 어려움은 예나 지금이나
같다는 느낌이다.

"장용영을 신설한 뒤 바깥의 여론에 자못 분분한 뜻이 있었는데 지
금은 이미 잠잠하게 사그라졌고 장용영의 모든 일들이 더러 다른 영문

• 조선의 제22대 임금인 정조(正祖, 1752~1800)를 말함.

    정치철학 에세이

營門보다 낫기도 하다. 참으로 소인小人과는 이루어진 것을 함께 즐길 수는 있어도 시작을 함께 꾀할 수는 없는 법이다.”

아! 소인을 어떻게 할 것인가?

거지근성과 졸부근성 그리고 보수

 진보와 보수의 가치!

진보와 보수의 가치에 대해 자세히 살펴보면 확연히 구분된다. 즉 진보의 가치는 〈평등〉을 기치로 〈분배〉, 〈공동체 중심〉, 〈큰 정부추구〉, 〈환경〉, 〈복지〉, 〈많은 세금〉, 〈사소주의事小主義〉 등을 주요 가치로 삼고, 보수의 가치는 〈자유〉를 기치로 〈성장〉, 〈자율 중심〉, 〈경쟁〉, 〈작은 정부추구〉, 〈친기업〉, 〈개발위주〉, 〈민영〉, 〈적은 세금〉, 〈사대주의事大主義〉 등을 주요 가치로 삼는 게 특징이다.

이를 토대로 지금의 MB정부를 보자. 과연 어떤 곳에 주안점을 두고 정책을 펴 나가고 있는지를 가늠해 볼 수 있다. 물론 MB정부가 보수의 가치를 적극 표방하면서도 '복지'와 같은 진보적인 가치를 전혀 배제하지 않는 것도 사실이지만 그래서 이른바 '실용정부'라는 이름을 차용한 것이겠지만 불火의 기운이 위로 향하듯 기본적으로 추구하는 가치의 정서는 넘어설 수 없다.

모든 생명은 존귀!

소리 소문도 없이 지구촌에선 날마다 어린이 2만 6천여 명이 사망하고 있고, 우리나라에서는 교통사고로 연 6천여 명이 숨지고(2009년 기준, 하루 평균 16명) 있으며, 산업재해로 연 2천 4백여 명이 숨을 거두고(2008년 기준, 하루 평균 7명) 있다. 정부가 알게 모르게 죽어가는 사람들이 차고 넘친다. 이보다 중요한 일이 없지만 정치권에서 이 문제를 가지고 지지고 볶는 모습을 아직 본 일이 없다.※

아랍의 분쟁지역에선 종종 몸에 폭탄을 두르고 자살을 감행한다. 자동차를 이용하기도 한다. 기껏 수십 명의 인명만 살상돼도 전 세계로 긴급 타전되는 것이 일상화 되었다. 그러나 우린 매일 같이 수십 명의 아까운 인명이 죽어가도 관심들이 없어 보인다. 아니 모른다. 이러고도 민주국가라고 할 수 있는가. 개가 사람을 무는 것은 당연하고 사람이 개를 물어야 관심을 갖는 나라. 안타깝다 안타까워.

※ 본 글은 천안함 사태 직후인 2010년 4월 6일 작성한 것임.

아! 천안함까지!

이런 저런 보도를 종합해 보면, 천안함은 북한의 잠수정 어뢰에 피폭당해 실종 장병 대부분이 숨을 거둔 것으로 추정된다. 정부에서는 실종 장병들에 대해 애도하는 마음을 공유하자며 온갖 공적인 행사를 중지시키고 있다. 신문과 방송도 일정부분 제한을 가하고 있기는 마찬가지다. 수많은 장병들의 목숨을 경시하는 건 결코 아니지만 정부의 여민동락與民同樂하는 태도를 보면 아연실색 그 자체다.

천안함 병사들을 구하기 위해 맡은바 직무에 종사하다 숨을 거둔 고한주호 준위의 영웅 만들기와는 달리 실종자 수색중 캄보디아 화물선과 충돌하여 실종되었다 숨진 것으로 확인된 고 김종평 어부의 빈소엔 울어줄 사람도 없단다. 여당의 유력인사들이 한준위 빈소에만 앞을 다퉈가며 사진 찍기 바쁘다는 소식과는 정반대다. 죽어도 잘 죽어야 한다. 때 맞춰 잘 죽어야 대접받는 수준 낮은 세상.

나라가 존재하는 이유를 성찰해야!

오래전 고속도로변에 수많은 대형 광고판들 가운데 시선을 끄는 광고가 하나 있었다. 삼성의 계열사인 '에스원'이라는 회사의 광고다. 사명이 초기엔 '세콤'으로 불리다가 성장가도를 달리면서 '에스원'으로 바뀌었는데, 이젠 너무도 많이 알려져 모르는 사람이 없을 정도다. 세상이 어지럽다보니 유사한 방범 회사들이 우후죽순 늘어나 방범천국이 된 느낌이다. 광고의 카피는 "참~ 편안한 세상 에스원!!"이다.

정치철학 에세이

‘에스원’에서 주장하는 광고의 의미를 모르는 바 아니다. 약간의 수수료만 지불하면 우리들의 재산을 알아서 척척 지켜준다니 이 얼마나 편안한 세상이란 말인가! 그러나 요람에서 무덤까지 쉼 없이 세금을 납부하면서도 또 사설 방범을 이용할 수밖에 없는 세상을 두고 ‘참~ 편안한 세상’이라니. 그럼에도 공직자는 대중들의 의식수준을 통찰하고 고양시켜야 한다. 왜? 그것이 공직자들의 숙명이다.

044

어찌 위태로운 나라가 아니겠는가?

나라에 도가 있을 땐 말을 강직하게 하고 행실도 강직하게 하지만, 나라에 도가 없을 땐 행실은 강직하게 하되 말은 공손하게 해야 한다는 말이 있다邦有道 危言危行 邦無道 危行言孫. 쉽게 얘기해서 나라에 도가 있을 땐 별 문제가 없지만 문제는 나라에 도가 없을 때다. 말하자면 나라에 도가 없을 땐 지식인들의 몸가짐이 쉽게 변해서도 안 되지만 그 말을 함에 있어서는 다 때가 있으므로 감히 다하지 않아야 화를 면할 수 있다는 이야기다.

이를 역으로 나라를 다스리는 자의 입장에서 보자. 지식인들이 나라를 위해 고언苦言을 함에 있어서 주저하지 않는 모습들이라면 건강한 나라라고 판단할 수 있지만, 제대로 된 지식인들이 나라에 대해 온갖 공손한 말들만 골라 하고 있다면 문제가 큼을 인식해야 한다. 곧 '나라가 위태로워짐을 암시'하기 때문이다. 이는 국가라는 조직뿐만이 아니다. 어떤 조직이던 그 구성원들이 말을 아끼고 조심하고 있다면 위태로운 조직임을 자각해야 한다.

우리나라는 어떤가. 과연 건강한 나라라고 할 수 있을까? 의문이다. 나라를 걱정하는 목소리들이 여기저기서 들린다. 그런 의미에서 아직은 가능성이 있다. 그러나 문제는 그 비판의 목소리들이 왜 나오는지 찰미察微*하여 처방을 하기보다는 도리어 재갈을 물리려는 현상들이 마구 나오는 것은 아무리 봐도 온당하지 못한 처사로 보인다. 지식인들이 비판을 자제하고 있거나 말을 가려 하기 시작하고 있는 것을 기쁘게 받아들여서는 결코 약이 없다.

충언忠言은 고언苦言이다. 귀에 거슬린다. 듣기 싫은 게 인지상정이다. 그러나 입에 단 것만 주구장창 먹어 보라. 맛도 없을뿐더러 몸을 망치는 것은 시간문제다. 약초와 독초를 가려야 한다. 먹기 곤란하다고, 써서 싫다고 오로지 단 것만 찾는 것은 자신을 위해서나 나라를 위해서나 바람직하지 않다. 지금 바로 여기here and now에서 제대로 살펴야 한다. 지식인들이 말을 가려하는지 아니면 아예 등지고 피하려 하는지 성찰할 때다. 오로지 나라를 위해서.

---

* 중국 진나라 때, 여불위에 의한 『여씨춘추』에 나오는 말로 '작은 부분을 잘 살펴야 함'을 뜻함. 우리말로 조짐이란 의미로 쓰이기도 하는데, 검찰의 찰과, 경찰의 찰이 모두 같은 의미에서 비롯된 말이기도 하다. 작은 부분을 잘 살펴야 큰 부분이 건강할 수 있다는 의미다.

045

『논어』와 공직자의 리더십을 어떻게 볼 것인가?

『논어論語』의 리더십에 대해 시대의 리더들이 관심을 표명하고 있다는 소식이다. 어제 오늘의 이야기가 아니었건만 세삼 『논어』의 리더십에 대해 관심들이 많다니, 〈격세지감〉•을 느끼게 한다. "공자왈 맹자왈!", "지금이 어느 시대인데 공자왈 맹자왈이냐?" 비판하기 바쁘게 지속되었다. 공자가 어떤 인물이고 맹자가 어떤 인물인지 알지도 알려고도 하지 않고 비판하기 바빴다. 그런 사람들일수록 우리의 삶의 정서를 통해 깨달음을 얻으면 이를 부정하지 않고 받아들인다. 물론 그것이 2천 5백년 전 공자라는 인물이 우리에게 가르침을 준 것이라

• 격세지감(隔世之感): 진보와 변화를 많이 겪어서 다른 세상과 같은 느낌이라는 뜻이다.

  정치철학 에세이

하면 더욱 놀란다.

　필자 또한 이 같은 비판대열에 있던 사람 가운데 하나다. 뭔가 이런 저런 꺼리를 찾지 못해 비판을 자제하고 있다가 주변에서 공자왈 맹자왈 하면 "지금이 어떤 시댄데 개가 풀 뜯어먹는 소리냐?"며 비판 아닌 비난을 가하기 바빴던 사람이다. 물론 어떤 계기가 주어지면서 공자의 진솔한 면을 확인하고 태도를 완전히 바꾸어 공자왈 맹자왈 마니아가 되었지만. 이런 거 보면 천명天命이 있긴 있나 보다. 하고자 한 게 아 닌데 하고 있고, 이르고자 한 게 아닌데 이르러莫之爲而爲者天也 莫之致而至者命也있는 것을 보면 참 희한한 일이다.

　여하튼 동시대를 살아가는 각계의 리더들에게 "우리 사회를 이끌어 가는데 어떤 덕목이 도움이 되던가?"라는 물음에 절대 다수가 "『논어』의 말씀을 통해 이끌 때, 가장 효과가 크더라."는 답변들을 볼 때, 『논어』의 리더십을 다시금 확인케 한다. 『논어』에 대체 어떤 이야기(덕목)들이 있기에 조직을 이끌고 사회를 이끄는 데 힘이 된단 말인가? 말에 혹 꿀이라도 발라놓기라도 했단 말인지. 뭐가 있기에 그토록 오랜 세월동안 시대의 리더들이 활용을 하는 것일까. 『논어』의 리더십 덕목, 무수히 많지만 이 가운데 우리 공직자들이 알아두면 좋을 법한 덕목 세 가지만 보자.

　우선 학이시습學而時習(배우고 때에 알맞게 익힘)의 〈학습형 리더십〉을 들 수 있다. 『논어』의 핵심은 배움으로 시작하여 성인이 되는 것이다. 학이學而로 시작 요왈堯曰로 마무리 되는 『논어』의 구성은 이를 잘 말해준다. 동양 특히 한국에서 교육열이 높은 것은 공자의 영향이라 해도 과언이 아니다. 머리가 원래부터 좋은 것이 아니고 끊임없이 배우고 익히니 좋아질 수밖에 뭐가 더 있겠는가. 한국의 교육열에 대해 버락 오바마 (Barack Hussein Obama, 1961~)가 틈만 나면 찬사를 아끼지 않는 것 또한 우연이 아님을 인식해야 한다. 특히 공직자는 '변화의 주역'이라는 점에서 더욱 배움에 진력할 필요가 있다.

두 번째는 화이부동和而不同(사람들과 조화를 잘 이루면서 주체성을 잃지 않음)의 〈포용형 리더십〉을 들 수 있다. 쉽게 얘기하면 『논어』에서는 〈군자〉와 〈소인〉을 나누어 논하면서 끊임없이 소인이 되지 말고 군자가 되길 주문한다. 즉 "군자는 사람들과 조화를 이루면서도 주체성은 확보하지만 소인은 그저 사람들과 같아지려고만 하고 화합하지는 못하기 때문"이다. 오늘날 우리의 세태를 꼬집는 듯한 말씀이 아닌가. 예나 지금이나 달라진 게 별로 없다는 얘기다. 어떤 유명인사가 하나 탄생하면 모두가 따라하기 바쁜 것을 보면 천박한 소인의 전형임을 알아야 한다.

마지막으로 눌언민행訥言敏行(말은 어눌하게 하고 실천은 민첩함)의 〈실천형 리더십〉을 들 수 있다. 공직자는 직급과 관계없이 모두가 정치인이다. 어떤 마음가짐을 가지고 실행하느냐에 따라 시민이 편안해 질 수 있기 때문이다. 공자가 위나라에 갔을 때, 염유라는 제자가 말을 몰았다. 위나라에 사람들이 많은 것을 보고 공자가 "백성들이 참 많구나!"하며 놀라자, 염유가 "백성이 많으면 어떻게 해줘야 합니까?" 묻자, "잘 먹고 잘 살게 해줘야 한다."고 답했다. 그러자 "이미 잘 먹고 잘 살면 뭘 더 해줘야 합니까?"하자, "가르쳐야 한다."고 답한바 있다.

정치의 근본 목적 가운데 두 가지 요소가 있다. 하나는 도덕의 확립이고 또 하나는 경제다. 도덕은 정신적 삶을 풍요롭게 하고, 경제는 물질 즉 육체를 풍요롭게 한다. 두 가치가 공히 중요하지만 보다 중요하기로 따진다면 도덕을 확립하는 것이라고 할 수 있다. 그러나 정책을 실시하는 데 있어서 경제를 보다 우선시 하는 것은 군자는 가난해도 도덕을 지킬 수 있는 마음이 존재하지만, 〈소인〉은 가난하면 도덕을 배척하기 때문에 육체적 삶 즉 경제를 보다 중시하는 것이다. 잘 먹고 잘 살게 하여 가르쳐야 한다. 시대의 리더들은 꼭 새겨둘 일이다.

046

쿼바디스 도미네!

온갖 도덕성 시비에도 불구하고 경제만 살리면 된다는 수준 낮은 논리가 먹혀 2MB 정부가 출범한지도 근 2년*이 되어간다. 출범 초기부터 MB정부는 고소영, 강부자 내각이라는 비아냥에도 불구하고 눈 하나 깜짝 않고 〈독야청청獨也靑靑〉** 나를 따르라 한다. 당연 따르는 국민은 별로 없어 보인다. 왜? 뭔가 될 줄 알았는데 자칫 공멸될까 두렵기 때문이다.

여하튼 보수 언론, 보수 국민들을 등에 업고 MB정부는 특유의 밀어 붙이기를 강행하고 있다. 한반도 대운하를 건설하려다 반대 여론이

* 본 글은 2009년 12월 23일 작성한 것임.
** 남들이 모두 절개를 꺾는 상황 속에서도 홀로 절개를 굳세게 지키고 있음을 비유적으로 이름.

들끓자, '4대강 살리기'라는 명분으로 밀어 붙이고 있는 것이다. 행정 중심의 세종시를 건설하겠다고 국민들에게 그토록 강조하고 추진하다가 표가 필요해 그랬을 뿐이라며 양해해 달란다. 언제나 당한 놈이 나쁜 놈인 셈이지.

예기치 못한 것도 아니지만 노동계도 사정은 말이 아니다. 온통 기업논리 속에서 살아남기 위해 온갖 파업과 집회를 통해 저항해 보지만 역부족이다. '전체 사회를 위한 가치의 권위적 배분'이라는 정치의 목적에 너무도 거리가 먼 흑백논리의 정책들만 쏟아내니 소외된 계층이 반발하는 것은 당연하다. 돈이 최고라는 논리로 일관하는데 도덕성이 존재할리 만무다. 쿼바디스 도미네!!

국가의 존립이유 잊지 말아야!

늘 그렇지만 요즘처럼 연말이 되면 희비가 교차하는 현상이 두드러진다. 다행히 때에 알맞는 부류들은 그때를 기다렸다는 듯 온갖 즐길 '꺼리'를 찾아 나서지만 그렇지 못한 부류들은 가장 처절하게 지내는 시간이다. 특히 요즘처럼 한파에는 더욱 더 살벌해진다. 전반적으로 사회가 혼란해서인지 주변 사람들의 얼굴들에서 밝은 기색을 찾아보기 어려운 것은 난세임에 틀림없다.

많은 사람들은 세상이 참 많이 발전했다고들 하고, 그래서 너무도 편한 세상이 되었다고 쉽게 말들을 하지만 곱씹어볼 일이다. 소득 수준이 높아졌다고 까불 때가 아닌 것이다. 일부 특정 리그에 낀 부류들이야 걱정 없겠지만 세상은 그들만의 리그가 아니다. 강자 우선, 약자를 배척하는 사회일수록 후진사회라 했는데, 이를 증명하는 듯한 모습이 영락없는 무식사회다.

사회안전망을 제대로 구축해야 한다. 그것이 국가존립의 주요 목적 가운데 하나다. 그럼에도 정부는 틈만 나면 국민소득 2만 불 얘기만 주창하기 바쁘다. 예의와 염치가 있어야 한다. 굶어서 죽는 사람이 속출하고 있는 데, 얼어 죽을 국민소득 2만 불이 뭔 의미란 말인가. 화살에 맞아 죽어가고 있는데, 병원 만들어 병을 고쳐줄테니 죽지 말고 기다리라고. 쿼바디스 도미네!!

진眞이 없는 선善만 존재해서야!

선善은 행복을 위해 부르짖는다. 그렇다면 〈지금 바로 여기〉에서 선은 무엇이란 말인가. 해답을 찾기 쉽지 않다. 왜? 이성이 아닌 감성에만 사로잡혀 있는데 개뿔 뭐가 있겠나. 그저 각자의 노선과 주창하는 선만 존재하니 합일되기 쉽지 않은 것이다. 마치 〈너 죽고 나 살기〉의 현상만 가득하니 해법이 없는 것은 어쩌면 당연한 일 아닌가. 미련하면 약이 없는 법이다.

익히 하는 말이지만 말馬은 말을 좋아하는 사람에게 가치가 있는 것이고, 연극은 연극을 좋아하는 사람에게만 가치 있는 법이다. 또 의로운 행위는 정의를 좋아하는 사람에게 가치 있는 행위이며, 유덕有德한 사람은 덕을 사랑하는 사람에게만 가치 있는 법이다. 그럼 눈만 뜨면 돈돈돈 하는 사람에게 도덕과 윤리는 뭐로 들릴까. 마치 개가 풀 뜯어 먹는 소리로 들리겠지.

거듭 말하면 물은 습한 곳을 좋아하고, 불은 마른 곳을 좋아한다. 모두가 주창하고 추종하는 가치가 있다. 진보와 보수의 가치가 그래서 각기 존재하는 것일 게다. 2MB 정부의 실책이 무엇이고 이렇게 저렇게 고치길 요구해도 〈마이동풍馬耳東風〉〈우이독경牛耳讀經〉*인 이유다. 그렇다고 멈춰선 곤란하지. 열매 맺지 못할지언정 열매를 맺으려 힘쓰는 과정이 사람 사는 도리 아닌가. 쿼바디스 도미네!!

결자해지結者解之의 정신이 필요!

이제 두려운 게 없어서인가. 더 이상 신뢰를 잃을 게 없어서인지 힘으로 밀어 붙이겠다는 모습들이 여기저기서 나타나고 있다. 예로부터 역천逆天은 패망의 지름길이라 했는데 두려움조차 없어 보인다. 청계천과 버스전용차로의 성공을 예로 들면서 모든 것을 〈결과중심〉으로 승부하겠다는 태세다. 선善을 잠시 착각한 일부의 세력으로 국민의 마음을 계속 살 수는 없다.

보수는 부패로 망한다고 했던가. 부패는 부정과 깊은 관련이 있기 때문이다. 바르지 않은 것을 바르다고 하는 것에서 부패는 시작된다. 아무리 사슴을 가지고 말이라고 강력하게 주장한들 말이 될 순 없는 법이다. 한 순간의 잘못된 논리로 영원히 국민의 눈과 귀를 가리려 해서는 더욱 안 된다. 마음에도 없는 실천과 행동을 부르짖지 말고 진정

---

* 마이동풍(馬耳東風)은 따뜻한 봄바람이 불면 사람들은 기뻐하는데 말의 귀는 봄바람이 불어도 전혀 느끼는 낌새가 없다는 뜻이고, 우이독경(牛耳讀經)은 쇠귀에 경 읽기라는 뜻으로, 아무리 가르치고 일러주어도 알아듣지 못함을 의미한다.

성을 보여야 한다.

　그런 의미에서 결자해지의 정신이 필요하다. 스스로 매듭을 지었으니 스스로 풀어야 공생할 수 있다. 더 이상 떨어질 신뢰가 없는 만큼, 모든 악업을 훌훌 벗어 던지고 새로운 세상을 만들 순천順天의 의지를 보여야 한다. 그것이 자신은 물론 보수진영의 모든 동업자와 착한 국민을 살리는 지름길이 될 것이다. 오~ 주여! 우리의 불쌍한 국민을 굽어 살펴 주시옵소서!!

047

눈을 크게 뜨면 더 보인다

자벌레의 구부림은 본질인가 말단인가? 개구리의 움츠림은 본질인가 말단인가? 따지기 좋아하는 요즘 학자들의 논쟁방식이다. 본질은 육안으로 확인하기 쉽지 않다. 현상만 눈에 들기 쉽기 때문이다. 그래서이겠지. 사람들은 본질은 보지 못하고 아니 보려고도 하지 않고 그저 현상만을 가지고 투쟁하기 바쁘다.

진리의 세계는 말로 표현할 수 없는 세계다. 그런데도 말로 표현하면서 마치 진리가 존재하는 것처럼 착각하고 역으로 이를 인식할 수 있다고 덤비는 이들이 넘쳐난다. 덤빌수록 진리는 더욱 멀어지는 것임

• 누구나 밝은 덕인 '명덕'을 지니고 있지만, 그 밝은 덕을 지니고만 있어서는 곤란하고 그 덕을 주변에 끊임없이 전해줄 때 진실로 지극한 선에 머물 수 있다.

에도 아랑곳 하지 않는다. 왜? 온갖 탐욕 속에 빠져 '너 죽고 나 살기'가 극에 달해 있는데 뭘 더 할 말이 있겠나.

한 집안을 다스리는 것에서, 한 나라를 다스리는 것에서도 마찬가지다. 혼돈渾沌(본질)과 질서정연末端(현상)한 모습을 대비시켜 놓고 혼돈은 부정하고 질서는 긍정해야 하는 것처럼 규정하고 있으니, 지금 나라꼴이 말이 아니다. 아주 작은 우물 안에 들어 앉아 세상을 다스리려니 숨이 턱턱 막히는 것은 당연지사다.

진리는 구별될 수 있는 대상이 아니다. 그럼에도 마치 자신의 수족에 있는 것처럼 착각하고 이를 풀어내려 한다. 미련 밥탱이 마냥 자신의 노력으로 안 되면 말지, 가끔 외부의 힘을 이용하는 바람에 오발이 명중이라고 엉뚱한 사람들의 피해가 속출한다. 역겹다. 진리를 알고자 한다면 먼저 수양하는 자세부터 배워야 하거늘.

배우지 않고 정치를 하는 통에 온갖 선량한 사람들의 피해가 지금 천하에 넘쳐나고 있다. 무식하면 용감하다고 했던가. 그것도 입이라고, "정치는 해 나가면서 배우면 되지 않겠냐?"고 떠들어 댄다. 무식하면 손발(백성)이 고생한다고 했다. 그야말로 온갖 선량한 시민과 국민들이 학대虐待받고 있다는 것을 왜 모르는지.

주창자의 표현방식에서 꼬투리(말단)를 잡기보다는 그 말 속의 본질(단서)을 찾을 수 있어야 수준 높은 혜안을 마련할 수 있을 것이다. 그래서 배워야 한다는 말일 게다. 한두 가지의 장점을 가지고 상대의 내재적 가치를 종합적으로 판단하기란 쉽지 않다. 그럼에도 이를 단정시하는 것은 수준 낮은 밥탱이가 될 수밖에 없다.

누구나 보이는 만큼 마음속에 가치관明德*을 갖게 마련이다. 상대의 그릇이 큼에도 불구하고 자신의 작은 그릇으로 상대를 담겠다고 하니, 그것도 기득권이랍시고 자리를 꿰차니 세상이 혼탁해질 수밖에 없다. 내가하면 로맨스 남이하면 불륜이라는 등식이 현실에서 통용되고 있는 것을 보면 과연 반전反轉할 때다.

　민주주의는 더 말할 것도 없이 '과정중심'이다. 그런데 언제부터인가 '결과중심'의 사회처럼 인식이 바뀌고 있다. 어두움을 가지고 밝음이라고 주장한 들 믿을 사람 없듯 사슴鹿을 가지고 아무리 말馬•이라고 우긴들 믿을 사람 별로 없다. 강력한 무력일수록 비례하여 반전한다는 사실을 뼈저리게 인식해야 할 때다.

• 지록위마(指鹿爲馬).

048

때에 맞춰 중용에 처하는 삶!

중용中庸을 못 들어본 공직자는 없을 것이다. 아니 오히려 늘 중용을 지켜야 한다고 주창하는 이들이 우리 공직자들 사이에선 수없이 많음을 본다. 그러나 아쉽게도 그 중용이란 말이 대체 어떤 뜻이냐고 물어보면 벙어리가 되는 이들이 부지기수다. 참 묘한 일이다. "중용", "중용"을 잘도 외치다가도 벙어리가 되니 이럴 때 난 아마도 "중용이 중용을 잡아먹었기 때문 일거야"라며 혼잣말로 중얼거린다.

주지하듯 중용이란 지나침과 부족함이 없는 중간 형태를 의미한다. 그렇다고 1과 5의 중간인 3이 중용이라는 식의 산술적인 의미만을 뜻하지는 않는다. 말하자면 때와 장소, 목적에 따라 달라지는 것이 중용인 것이다. 예컨대 몸집이 큰 사람은 작은 사람에 비해 비교적 더 많이 먹는 것이 중용이고, 굶주린 사람은 좀더 많이 먹고 배부를 때엔 비교적 적게 먹는 것이 중용이라 할 수 있다.

다시 말해 중용은 배고플 땐 좀더 먹고 배부를 땐 좀 적게 먹는 게 중용이요, 재물이 넉넉할 땐 약자에게 좀더 베풀고, 부족할 땐 좀 아껴 쓰는 것이 중용의 미덕이라 할 수 있다. 그럼에도 베풀어야 할 때 아끼고, 먹어야 할 때 굶주린다면 어떠하겠는가. 그것은 반중용일 따름이다. 한 성질 하듯 화를 내야 할 때 오히려 참고, 참아야 할 때 화를 내는 것 또한 반중용이 되는 것은 말할 것도 없다.

그럼 중용을 우리의 인사문화에 적용해 보면 어떨까. 승진에 목말라하는 직원에게는 보다 많은 관심을 부여하여 승진이 되도록 하는 것이 중용이고, 능력에 비해 지나치게 빨리 승진하거나 유력부서만 찾는 직원에게는 능력에 맞는 부서로 옮겨주는 것이 중용일 것이다. 이는 능력이 부족한 인사가 유력부서만 전전하면 만용의 예가 되고, 능력이 출중함에도 한직에만 전전하면 반중용이 되기 때문이다.

쉽진 않지만 나아가야 할 때 나아가고 물러서야 할 때 물러서는 지혜가 바로 중용인 것이다. 그래서 중용은 죽어야 할 땐 죽는 것이요, 살아야 할 때는 사는 게 중용이라 한 것이다. 이는 자칫 살아야 할 때 죽는다면 개죽음이요, 죽어야 할 때 사는 것은 치욕이 되기 때문이다. 진퇴생사가 모두 같지만 때에 맞춰 어떤 행위를 하느냐에 따라 삶의 구도와 평가는 극단을 이룬다. 중용적인 삶이 요구되는 이유다.

또한 중용은 때에 적중的中하는 삶이라 할 수 있다. 여기서 '때에 적중한다'는 것은 요즘 흔히 볼 수 있는 불꽃놀이에 비유될 수 있다. 불꽃의 내용은 밤이나 낮이나 같지만 그 효과는 천양지차다. 내용은 같지만 효과 면에서 엄청난 차이를 보이듯 우리는 매사 때에 맞춰야 명분과 실리를 모두 얻을 수 있다. 불꽃을 쏘아 올리는 행위가 하찮은 일이긴 하지만 그 효과는 배가되듯 때를 맞추는 지혜는 중요하다.

다시 말하면 사람의 행위에는 의도된 행위(유의적 행위)와 의도되지 않은 행위(무의적 행위)가 있다. 천재지변으로 피해를 입었을 경우 동정을 보내지만, 마약 복용처럼 자신의 의지로 행동하는 사람은 비난한다. 교통법규를 잘 지키며 운전했는데 사고를 당하면 동정하지만, 음주운전을 하다가 상해를 입히면 동정하지 않는다. 무지에서 나온 실수는 관용하지만 유의적 실수는 처벌하는 게 우리네 정서다.

그러므로 일부의 성원이 선善을 실천했다고 나라 전체가 반드시 최고선이 실현되는 것이 아닌 만큼, 모든 구성원이 참여하는 국가생활의 윤리학 즉 정치학이 필요하다고 선현들은 강조한다. 공직자는 누구나 정치적인 행보를 취한다. 그런만큼 선을 행하고 중용적인 삶을 실천하는 모범을 보여야 한다. 본말이 전도되고 표리가 부동한 공직자는 시중의 잡배와 다르지 않다. 중용적 삶이 필요한 이유다.

049

유력정치인들이여 초심으로 돌아가라!

먹고 살기 어렵다고 아우성이다. 그래서 그런지 '경제만 살리면 된다'는 구호에 다수가 열광적으로 지지했다. 747공약이라고 했나. 처음 무슨 747점보기 공약이냐는 생각이 들었지만 살펴보니 매년 7% 경제성장에 일인당 국민소득이 무려 4만 불. 우와! 게다가 우리나라가 세계에서 곧 7대 강국이 된다니 모두들 정신을 잃었다. 개뿔 선거 땐 무슨 말을 못해.

예로부터 순진하고 믿어주기 좋아하는 우리 국민들. 눈과 귀가 어두운 것을 틈타 끊임없이 사기를 치는 간사한 모리배들로 인해 지금 대한민국호號는 그야말로 바람 앞에 촛불신세다.● 하루 벌어 하루를 사는 사람들에게 매년 일자리를 60만 개씩 만들고, 증시를 임기 내 5천

선까지 끌어 올리겠다고 호언하는데 넘어가지 않을 국민이 얼마나 되겠어.

잃어버린 10년이라나. 하도 들어서 귀에 딱지가 생길 지경인데, 그래서 그런가. 권력을 쥐어준 국민은 안중에도 없이 자기들 멋과 맛대로 요리를 하고 있으니 국민들은 등을 돌릴 수밖에. 그런데 문제는 이것으로 끝나지 않는다는데 있다. 고르게 하고자 힘쓰는 게 정치의 기본목적 가운데 하나인데, 역으로 가고 있으니 부자는 선이고 가난은 악이란 말인가.

국가의 존립이유를 잊고 정치에 임하는 자들이 지금 차고 넘칠 지경이다. 정권 초기부터 국민들과 대결로 일관하더니 결국 미국발 쓰나미로 공멸직전이다. 이젠 일자리가 60만 개는커녕 40만 개, 30만 개, 20만 개로 하향하더니 급기야 10만 개로 낮춰 잡았단다. 물론 그것도 목표치니 실제로는 6만~8만 개 정도로 그칠 수도 있다는 얘기. 망한 거나 다름없다.

정권 내부나 경제를 연구하는 곳들의 분석을 살펴보면, 잘해야 정권 말기나 그 이후가 되어야 뭐 경제가 살아날 가망이 있는 것으로 추측된다. 한마디로 너나없이 상당기간 허리띠를 졸라매야 한다는 얘기다. 뭐 더 이상 졸라맬 띠도 없다고. 그러면 그냥 죽으란다. 정부가 최근 취하는 정책, 아무리 살펴봐도 부자들 중심의 정책들뿐이니 죽을 수밖에.

일찍이 노암 촘스키[**]는 미국의 정치를 두고 공화당과 민주당이 상

· 본 글은 2008년 12월 20일 작성한 것임.

·· 노암 촘스키(Avram Noam Chomsky, 1928~) : 미국의 언어학자로서 변형생성문법 이론으로 언

　　　　　　　　　　　　　　　정 치 철 학　에 세 이

호 왔다 갔다 하면서 정권을 향유하지만 대체는 사실상 일당체제라고 비판한 바 있다. 우리도 이와 크게 다르지 않아 보인다. 한나라당이나 민주당이 상호 보수와 진보의 전형인양 주창하지만 사실은 그 나물에 그 밥 아닌가. 모두가 경제 우선, 성장을 우선으로 삼고 있는데 개뿔 뭐가 다르냐.

이상과 현실에서 끊임없이 합일할 수 있도록 노력해야 한다. 사실 죽었다 깨어나도 살아서는 달성하기 어려운 일이라고 칸트●도 언급한 바 있지만 그러나 정치인은 달라야 한다. 아니 그렇게 할 수 있도록 최소한의 노력이라도 보여야 한다. 정치인은 '다스리는 사람'이지 않은가. 다스린다는 것은 '다 살린다'는 의미에서 온 것처럼 명실상부해야 한다.

권리와 의무를 일반 국민과 동일하게 누리면서 동일한 행태를 취하는 것은 어쩌면 성인의 경지라 할 수 있다. 문제는 권리는 최대한 향유하면서 의무는 극도로 역행하는 것이 문제일 게다. 적반하장賊反荷杖●●의 행태를 걷어치우고 초심으로 돌아가야 한다. 춘추관春秋館 여민관與民館 이름만 걸어두지 말란 얘기다. 뭐라! 무슨 뜻인지 모르겠다고. 아차! 무식하면 용감하다 했지!! 이런~

<hr>

어학에 큰 영향을 끼쳤다. 1960년대부터 활발히 사회운동에 참여하여 미국을 대표하는 비판적 지식인으로 널리 평가를 받고 있다.

● 임마누엘 칸트(Immanuel Kant, 1724~1804) : 독일의 철학자. 서유럽 근세철학의 전통을 집대성하고, 전통적 형이상학을 비판하며 비판철학을 탄생시켰다. 저서에 『순수이성비판』, 『실천이성비판』, 『판단력비판』 등이 있다.

●● 적반하장(賊反荷杖) : 도둑이 되레 매를 든다는 뜻으로, 잘못한 사람이 도리어 잘한 사람을 나무라는 경우를 뜻한다.

050

공직자가 바로 서야 나라가 바로 선다!

 반초班超같은 사람이 필요!

〈투필종융投筆從戎〉이란 말이 있다. 시대가 필요로 하면 문필文筆을 버리고 나라를 위해 일한다는 뜻이다. 직역하면 '붓을 던져 버리고 전쟁터로 간다'는 말이다. 즉 '시대가 나를 필요로 하면 하던 일을 접고 나라를 위하여 몸을 맡긴다'는 뜻이다. 『후한서』에 나오는 이야기다. 동한東漢시절 함양지방에 반초班超라는 사람이 있었다. 그는 어렸을 때부터 열심히 공부했지만 집안형편이 어려워 청년시절 관가에서 문文을 베껴주거나 남의 책을 필사해 주며 생계를 유지했다.

그러던 어느 날, 반초는 붓을 내 던지며 "대장부가 어찌 오랜 세월을 책상머리에만 앉아 필묵사이에 묻혀 있어야만 하는가? 이렇다할 지략이 없다면 부개자傅介子나 장건張騫처럼 서역에 출정해 공을 세우겠다.”라고 말하며 일어섰다. 그 후, 반초는 군관이 되어 흉노와의 싸움에서 크게 승리했다. 또 서역에 수십 년간 머무르며 50여 개의 나라들과 관계를 개선하는데 크게 기여했다. 반초는 뜻을 세우고 시작할 당시는 아주 작은 마음으로 시작했지만 나중은 정말 큰일을 해낸 것이다.

공직의 본질을 이해해야!

지금 우리는 나라 안팎으로 많은 문제들이 산적해 있다. 안으론 경제사정이 나빠서인지 수많은 사람들이 눈에 핏발을 세우고 있고, 밖으론 주변 강국들이 호시탐탐● 우리의 시장은 물론 건강권까지 노리는 상황까지 당도해 있다. 그렇다면 이 나라가 제대로 설 수 있는 기반은 무엇일까. 역시 우리의 믿음직한 공직자들이 버티고 있다. 누가 뭐라 해도 꿋꿋한 사명감을 가지고 묵묵히 나라의 안녕을 바라는 마음, 생각하고 또 생각해 봐도 우리의 공직자들이 존재한다.

그러나 현실은 어떤가. 집권자의 말 한 마디에 공직의 책임 있는 자리에 있는 자들은 대부분 비판의식 없이 따라가기 바쁘다.●● 무엇이 본질이고 무엇이 말단인지 인식은커녕 제대로 파악도 하지 못한 채 그

● 호시탐탐(虎視耽耽) : 호랑이가 눈을 부릅뜨고 먹이를 노려본다는 뜻으로, 공격이나 침략의 기회를 노리는 모양. 또는 어떤 일에 대비하여 방심하지 않고 정세를 관망함을 비유하기도 함.

●● 2010년 10월 현재, 많이 개선되긴 했지만 2008년 5월 8일 이 글을 쓸 즈음에는 암흑과 같은 시절이었다. 그러나 춘추필법(공직에서 벌어지는 일들 가운데 중요하게 지적될 수 있는 부분들을 하나도 빠뜨리지 않고 모두 기록함)에 따라 적시하고자 한다.

저 자신만 살기 위해 따르고 있는 형국이다. 누구나 공직에 임용될 때는 큰 포부를 가지고 시작하지만, 특히 임용 초기엔 무엇이 '본질'인지 제대로 알고 공직에 임하지만 어찌된 일인지 일정한 시간만 지나면 초기에 가졌던 마음이 변하는 자들이 너무도 많다.

공직자의 명분을 주장하고 참여해야!

이제 공직자들의 명분名分을 확실히 찾아야 할 때다. '지금 바로 여기'에서 우리의 현실을 직시할 때, 더 이상 명분을 잃어서는 곤란하다. 지금이 바로 '공직자가 바로 서야 나라가 바로 선다'는 주장을 할 때인 것이다. 예나 지금이나 '시대는 당대 사람들의 몫'이라 하지 않던가. 그런 의미에서 우리가 역할을 제대로 수행하지 못한다면 누가 대신 하겠는가? 혹 우리가 역할을 제대로 못한다면 후세대는 반드시 상응하는 만큼 시련을 겪을 수밖에 없다.

이제 참여할 때다. 참여하여 우리의 현 사회의 병리가 무엇인지 과연 지금의 정권이 담당하기에 충분한 사업인지를 따져야 한다. 말하자면 명분과 실리가 동시에 합당한지 우리의 목소리를 내야 한다. 머슴(?)이라는 희한한 논리 또한 인정할 수 없음은 말할 것도 없다. 물론 사회가 '변해야 한다'는 주장엔 동의하지만 일방적이고 강압적인 변화는 곤란하다. 인과因果가 명확한 만큼, 파부침선破釜沈船*하는 마음으로 명분을 주장하고 참여할 때다.

---

* 파부침선(破釜沈船) : 초(楚)나라의 항우(項羽)가 진(秦)나라와 거록(鉅鹿)에서 싸울 때, 강을 건너는 배를 가라앉히고, 솥과 시루를 깨뜨려 죽을 각오로 싸워 크게 이긴 데서 비롯된 고사.

051

그리운 율곡의 애국정신

 율곡●의 애국정신

수년 전 영국의 옥스퍼드대학이 미국의 모니터 컴퍼니와 공동으로 각국의 국가경쟁력에 대한 조사를 한 적이 있다. 여기서 우리의 경쟁력은 조사대상 64개국 중 22위를 차지했다. 23개 선진국 중에서는 20위였고, 한국을 포함한 싱가포르, 홍콩, 대만 등 이른바 아시아의 네 마리 용 가운데서는 최하위를 기록했다.

* 이이(李珥, 1536~1584) : 조선 중기의 철학자이자 정치가이다. 어머니는 신사임당이며, 호조와 이조, 형조, 병조판서 등을 지냈다. 선조에게 '시무육조'를 올리고, '십만양병설' 등 개혁안을 주장했다. 동인과 서인 간의 갈등 해소에 노력했다.

새삼스런 결과가 아니다. 그러나 흥미로운 것이 하나 있다. 바로 인적요소 부문의 경쟁력이다. 기업가가 15위로 상대적으로 높은 경쟁력이 있었고, 전문가가 21위로 그나마 경쟁력이 있음을 확인할 수 있었으나 정치인과 공직자가 27위, 노동자가 38위를 차지함으로써 평균 경쟁력에 한참 밑돌았다는 점이다.

정치인과 공직자들이 방심하며 좌충우돌하는 사이 우리 사회는 원칙이 없는 사회가 되어 버린 셈이다. 최소한 존중돼야 할 법이나 규범 등이 수시로 깨지면서 사회의 구성원들은 자신들의 주장만 내세우기 바쁘다. 모두가 지도자의 애국정신 결여에서 비롯된 일이다. 그래서일까. 율곡栗谷같은 애국지사가 떠오른다.

우리 역사에서 율곡 선생은 여러 방면에서 탁월한 실력을 갖춘 분으로 추앙받는다. 이러한 사람을 흔히 전인全人이나 혹은 완전한 사람이라 해서 완인完人이라 칭하는데 솔직히 이 정도의 경지는 아무나 이룰 수 있는 일이 아니다. 이야기가 나온 김에 율곡 선생에 관해 몇 가지 특징을 살펴보면 다음과 같다.

우선, 율곡 선생은 천재로 일컬어진다. 말을 배우면서 글자를 익혔고 이미 세 살 때에 시詩를 지었으며, 일곱 살 때 『진복창전』을 지어 이웃 어른의 사람됨을 논평하는가 하면, 여덟 살 때 지은 「화석정」이란 시는 지금까지 걸작으로 평가받고 있다. 또한 율곡은 시험(지금의 국가고시)만 보았다 하면 수석을 독차지 했다.

둘째, 율곡은 뛰어난 사상가였다. 특히 철학(성리학)에서 그가 전개한 사상적 공적은 아직도 찬연히 빛을 발하고 있다. 그는 이기론에서 기氣의 역할을 중요시해 흔히 주기론자로 분류하기도 하지만 그는 결코

리理를 배척하지 않았다. 오히려 리理의 존재 원리를 존중하며 기氣적인 요소에 충실한 사상가였다.

율곡은 현실정치에 참여하여 철학자로서의 삶과 정치가로서의 삶을 병행하였다. 리理 중심의 철학과 기氣 중심의 철학을 조화시킴으로써 한국 성리학의 전성기를 마련하였다. 율곡은 기호유학畿湖儒學의 조종祖宗으로서 김장생金長生(1548~1631) 등 많은 문인을 배출하였다. 그의 대표적인 저술로는 『성학집요』, 『격몽요결』 등이 있다.

셋째, 개혁주의자였다. 율곡은 조선조가 개국한 지 150여 년이 지나는 시대였다. 정치나 행정체제가 구습에 젖어 경색되어 가고 있었다. 정치에서 문화와 학술에 이르기까지 관학으로 굳어져 있었다. 지배 계급이 형성되어 변화를 거부하고 있던 때다. 율곡은 끊임없이 개혁을 주창했다. 변화철학에 달통해 있었기 때문이다.

유교철학의 기반은 역易에 있고 역易은 변역變易의 철학이다. 이 세상 모든 것은 한시도 쉼 없이 변한다. 변화에 순응하는 것이 순리順理고, 변화를 거부하는 것은 역리逆理다. 유학의 기본철학이 이러함에도 당시의 정권에 참여하고 있는 인사들은 대체로 자신들의 기득권을 위해 개혁을 극력 회피했다.

그러나 율곡은 대담했다. 위험을 무릅쓰고 혁신을 주장했다. '법이 오래되면 폐단을 낳는다法久弊生'고 설파하면서 오래된 법률을 현실에 맞게 고치고 제도나 기구도 새 시대에 맞게 개선해야 한다고 주장했다. '경제사'라는 새로운 최고 행정 기구를 설치하여 신진 엘리트를 초빙해 참신한 정치를 펴야 한다고 역설했다.

율곡은 신진기예의 학자그룹을 중심으로 참신한 인재 등용과 언로를 열어 탁월한 의견을 수렴하고 정치에 여론을 반영할 것, 군비를 튼튼히 해 만주 대륙에서 일어나고 있는 여진족(후에 청나라)에 대한 경계와 일본의 전국시대 종료와 함께 대두되는 침략주의에 대한 방비책을 강구할 것 등을 조정에 강력히 건의●했다.

조정 대신들이 율곡의 경제사 설치 건의에 대해 '옥상옥'으로 치부, 일제히 반대하고 나서자, 율곡은 임시방편으로 국방 정책을 제시했다. 조선을 둘러싸고 있는 대륙과 섬나라의 움직임이 심상치 않아 10만 양병을 주장했으나 조정 대신들은 받아들이지 않았다. 율곡이 죽고 8년 만에 임진왜란이 일어나고 말았다.

넷째, 행정 능력이 매우 뛰어났다. 율곡은 학자뿐만 아니라 능력 있는 행정가이기도 했다. 황해도 관찰사 등 지방 장관도 지내고, 호조판서와 이조판서, 병조판서 등을 지냈다. 또 청주목사와 황해도 관찰사 등 지방 장관 재임 때 '향약'이라는 자치 기구를 만들어 오늘날의 자치 단체와 같은 중요성을 백성들에게 심어주었다.

● 사실 이 무렵 여진족의 누르하치는 주변 부족을 통일하고 명(明)을 위협하고 있었다. 또한 일본에서는 2백여 년 계속된 전국시대가 끝나고 도요토미 히데요시(豊臣秀吉, 1536~1598)이 전국토를 통일해 팽창하는 전력을 대륙 침략의 기회로 삼아 책략을 세우고 있었다. 이러한 국제 정세에 조선에서는 전혀 대비책이 없었다. 율곡 홀로 깨어 있는 셈이었다.

　　　　　　　　　　　　　　　　정 치 철 학　 에 세 이

052

터무니없는 재앙은 없어야!

〈지어지앙池魚之殃〉이라는 말이 있다. '연못에 사는 물고기의 재앙'이라는 뜻으로 아무런 상관이 없는데 재앙을 입는다는 말이다.

송宋나라의 사마환퇴司馬桓魋라는 사람에게는 보배로운 구슬이 있었다. 어느 날 그는 죄를 짓게 되자 재빨리 구슬을 가지고 도망쳐 버렸다. 그 구슬 이야기를 들은 왕은 그것이 탐나 사람을 보내 환을 찾아 구슬 둔 곳을 묻게 하였다.

환이 "그 구슬은 내가 도망쳐 나오다 연못 속에 넣어 버렸다."고 거짓말을 하였다. 이 말을 전해들은 왕은 사람들을 시켜 연못을 뒤지게 하였으나 찾지 못했다. 하지만 물이 없어지자 연못에 있던 물고기들만다 죽고 말았다.

　주변의 특히 공공의 조직에서 생활을 하다보면, 가끔 자신의 행위와는 전혀 무관하게 화를 당하는 경우를 목격한다. 불교의 연기설로 해석하면 전혀 동의할 수 없는 것도 아니지만, 그럼에도 우리의 일반적인 상식에서 보면 분명 화禍가 되고 있다.

　이명박 당선자 탄생● 이후, 공직사회는 급속히 혼돈 속으로 빠져 들고 있다. 청계천을 시작으로 혹세무민惑世誣民하더니 이젠 전 국토를 아예 절단 낼 모양이다. 후세에 씻을 수 없는 대재앙이 될 수도 있는 일을 눈 하나 깜짝 않고 단시일 내에 밀어붙일 태세다.

　삼성의 비자금 폭로와 묘하게도 때를 같이한 태안의 원유 유출사고는 수없이 많은 선량한 사람들을 사지로 몰고 있고, 때 마침 정권을 잡은 한나라당은 핍박받던 며느리가 도리어 시어머니 노릇 제대로 해보겠다는 얄팍한 심산으로 무소불위의 권력을 휘두르기 시작했다.

　그런 때문인지 인수위를 통해 세상에 알려지는 것을 보면, 그리 길지 않은 시간임에도 천국과 지옥을 넘나드는 인사와 조직이 속출하고 있단다. 따지고 보면 둘 중 하나는 짝퉁임에 틀림없어 보이지만, 어느 쪽이던 분명 한쪽이 원인을 제공했음에 화를 당할 것은 뻔해 보인다.

　여하튼 제발 자신만 살기 위해, 제발 아무짝에도 쓸모없는 치적을 위해 어리석은 국민의 눈을 가리고 귀를 막는 행위는 없어야 한다. 제발 눈앞의 이익을 위해 일을 그르쳐 선량한 후손들이 터무니없는 화를 당하는 일만은 없어야 하겠다. 여봐요~ 거기 말려줄 사람 좀 없나요?

● 본 글은 2008년 1월 20일 작성한 글이지만 춘추필법(공직에서 벌어지는 일들 가운데 중요하게 지적될 수 있는 부분들을 하나도 빠뜨리지 않고 모두 기록함)에 따라 남겨두고자 한다.

053

보수에서 진보로 그리고 다시 보수로의 회귀를 보면서

지난 2002년• 새천년민주당은 적지 않은 우여곡절을 거쳐 노무현을 대통령에 당선시키는 데 성공했다. 그러나 수적 약세를 면치 못하여 정국은 늘 불안했다. 그러던 중 민주당 내부의 개혁세력과 보수세력이 충돌하면서 분당하고 말았다. 소수의 의석을 가지고 민주당을 뛰쳐나와 사실상 새로운 여당을 만들었던 열린우리당은 건국 이래 초유의 사태인 탄핵정국을 맞아 거의 실신했다.

그러나 탄핵의 역풍이 거세게 불면서 열린우리당의 지지도는 하늘 높은 줄 모르고 오르기만 했다. 탄핵이 있기 5일전 여론조사에 의하

• 본 글은 2007년 12월 21일 작성한 것임.

면, 대략 53% : 47% 정도로 여당이 약간 앞선 정도의 지지도가 탄핵 가결 이후 75% : 25% 정도로 엄청난 차이를 보일 만큼 그야말로 탄핵역풍은 대단했다. 한 때이긴 하지만 탄핵가결 바로 이후, 열린우리당의 당선가능 의석이 2백 석 이상이 나온 적도 있었다.

하지만 그렇게 잘 나가던 열린우리당은 당내 여러 인사들의 잦은 구설수에다 정동영 당시 의장의 노인 폄훼貶毁발언이 절정에 이르고, 때마침 새 대표 체제로 선거전에 뛰어든 한나라당의 박근혜 대표의 바람에 열린우리당의 지지도는 점차 하향 곡선을 그리기 시작했다. 결과적으로 열린우리당은 비례대표를 포함하여 152석의 과반을 넘는 의석을 차지했다. 신생 정당치고는 상당한 지지도였다.

그렇게 절대다수의 의석을 보유한 열린우리당은 확고한 지도자의 리더십 결여로 분열하고 해쳐 모이는 사이 정권은 분배와 성장 사이를 끊임없이 왔다 갔다 했다. 대통령을 당선시켜준 것이 국민이고, 탄핵 정국에서 기사회생 시켜준 것도 국민이었지만, 노무현 정권은 국민의 신뢰를 담보하지 못하고 끝내 정권을 되돌려 주고 말았다. 현 정권의 실책이 사실상 이명박 정권 탄생의 일등 공신이 되었다.

가끔 인생에 관한 글을 쓰면서 『주역周易』이라는 책의 내용을 인용하곤 한다. 『주역』의 핵심은 태극太極이다. 이는 음양의 원리로써 우리의 인생살이가 늘 사인파 곡선을 그려간다는 것을 암시한다. 말하자면 저점低點인 바닥을 치면 상승하는 길이 나타나고, 고점高點인 정점頂點을 치면 하향 곡선을 그린다는 사실이다. 간단하지만 대단히 존중할 수밖에 없는 논리체계다.

『주역』은 음양의 변화 원리로 우주와 인생을 논하고 있다. 『주역』에 "음양이 반복해서 돌아가는 것이 도道"라는 말이 있다. 음이 지나면 양이 오고, 양이 다하면 또 음이 온다는 말이다. 말하자면 가장 추운 겨울이 되었을 때, 따뜻한 봄이 고개를 내밀기 시작하고, 달이 가장 클 때 기울기 시작하며, 가장 어두울 때 반전하여 빛이 고개를 내밀기 시작하듯, 자연의 질서는 우리의 인생에도 그대로 적용된다.

어려운 시기를 만나면 오히려 이것을 기화氣化로 좋은 시기가 되기도 하고, 좋은 일만 있을 줄 알았는데 오히려 악재가 겹치는 경우도 많다. 우리 속담에 '음지가 양지되고 양지가 음지된다'는 말이 바로 이를 두고 하는 말이다. 그래서 예로부터 선현들이 '사람이 멀리 내다보는 생각이 없으면, 가까운 시기에 근심거리가 생긴다' '인무원려 필유근우人無遠慮, 必有近憂'고 하여 늘 긴장을 풀지 않으며 산 것도 바로 이 같은 경우 때문이다.

민주당에서 열린우리당으로 그리고 대통합 민주신당까지 오면서 지금의 여권은 자신들이 양지에 있는지 음지에 있는지 진보하는지 퇴보하는지 가늠조차 하지 못하고 우왕좌왕하다 그토록 어렵게 차지했던 정권을 한 순간에 내주게 되었다. 진보가 무엇인가. 무질서에서 질서있는 모습을 취해야 진보가 아니던가. 그럼에도 그들은 오히려 질서있는 것에서 무질서로 회귀하고 말았다. 정권을 퇴보시킨 셈이다.

진보가 보수보다 우위에 존재하는 것은 자연의 당연한 질서인데 이처럼 무능하게 무질서로 일관하는 것은 어쩌면 국민들의 이번 선택이 너무도 당연한 일이었다. 예로부터 백성은 물이요, 군주는 배라 하지

않았던가. 물이 배를 띄우기도 하지만 때가 아니면 뒤집어 버리는 것
도 물이기 때문이다. 국민의 수준을 들먹이기 전에 현 여권 지도자들
의 지도력에 많은 문제가 있음을 온 천하에 드러낸 것이다.

　보수에서 진보 그리고 다시 보수정권을 맞이하게 된 우리는 이제 좋
던 싫던 새로운 정부의 구성원이 될 것이다. 실용정부를 표방하고 있
는 새 정권이 들어서면 공직사회 전반이 구조개혁의 찬바람이 세차게
몰아칠 것이다. 온풍과 냉풍이 번갈아 불어대는 것이 자연의 이치이지
만 그간 양지에서 비교적 온풍을 맞아온 공직사회가 제대로 된 체질을
갖추기도 전에 반전됨으로서 고통은 적지 않을 것이다.

　그러나 아무리 세찬 냉풍이 불어댄다 하더라도 체질을 개선하여 강
화한다면 오히려 강한 정부로서의 기능은 한층 배가 될 것이다. 이는
우리의 공직사회는 물론 특정 단체나 사람 모두에게 해당된다. 현재의
고통만 생각하고 다시 그 고통이 사라질 날을 고민하지 않는 것이야
말로 가장 어리석은 짓이라 하지 않던가. 어려운 때일수록 사업을 장
기적으로 계획하고 리듬을 타는 지혜가 필요하다.

054

시대를 읽지 못하는 공직자는 존재할 이유가 없다!

 실사구시實事求是의 유래!

주지하듯 실학이라는 말은 실사구시實事求是에서 유래한다. 직역하면 '사실을 토대로 진리를 탐구 한다'는 말이다. 그러나 본래 '실사구시'는 이런 뜻으로 시작되지 않았다.

옛날 하간河間의 헌왕獻王이 있었다. 그는 책 수집가로 유명한 사람이었다. 누구나 좋은 책을 가져오면 모두 사들이는 그런 사람이었다.

소문이 꼬리에 꼬리를 물자, 사람들은 온갖 책을 그에게 팔기 시작했다. 당연히 그는 엄청난 책을 수집할 수 있었다. 그러나 부작용도 발생했다. 책을 팔려는 사람들이 자신의 계속되는 저술이 어렵게 되자, 남의 저작물을 마치 자신의 저작이라고 주장하는가 하면 이것저것 편집한 위작이 속출한 것이다.

처음은 어느 정도 속아 넘어 갔으나 이런 현상이 빈발하자, 헌왕은 책의 진위를 가려내기 시작했다. 이것이 실사구시의 유래다. 말하자면 '실사구시는 속이 빈 놈이냐 꽉 찬 놈이냐'를 알아내는 일이라 할 수 있다. 이렇게 시작된 실사구시는 여러 경로를 통해 청조淸朝의 고증학파考證學派로 이어졌는데, 당시의 고증학자들은 정확한 고증을 존중하는 과학적이고 객관적인 학문연구의 입장을 취했다.

수원은 실학의 도시!

이렇게 형성된 실사구시가 우리에게는 실학實學이라는 이름의 학문으로 발전했다. 주자학과 양명학에 실증을 느낀 나머지 보다 과학적이고 객관적인 학문을 추구하게 된 것이 실학사상의 유래다. 그렇다고 실학이 주자학이나 양명학을 벗어난 독립된 학문을 뜻하진 않는다. 주자학과 양명학을 기반으로 실학이 성립한 것이기는 하지만 학문의 중심을 실학에 두었음을 의미할 뿐이다.

주지하듯 수원은 실학의 도시로 불리는데 손색이 없다. 대표적으로 홍재弘齋(정조)와 다산茶山(정약용)을 들 수 있다. 홍재는 자신의 문집인 『홍재전서弘齋全書』가 있을 만큼 학자군주로서의 명성이 자자하다. 정조의 안목에 든 다산이 어느 정도의 학자였는지는 충분히 추측이 가능하다. 이러한 분들의 사상으로 성립된 수원은 그래서 어떤 도시보다도 많은 의미를 내포하고 있다 하겠다.

화성은 중국과 일본 등지에선 찾아볼 수 없는 평산성의 형태로 정치, 경제, 사회, 문화(효사상)적 기능을 함께 보유하고 있으며, 시설의 기능이 가장 과학적이고 합리적이며 실용적인 구조로 되어 있다는 점에서 동양 성곽의 백미로 불린다. 이는 성벽의 외측은 쌓아올리고 내측은 자연지세를 이용한 축성술로 그야말로 자연과 조화를 이루려한 흔적이 역력한 것을 볼 때 그 의미는 배가되고 있다.

또한 화성은 철학적 논쟁 대신에 백성의 현실생활 속에서 학문의 실천과제를 찾으려고 노력한 실학 본연의 영향으로 벽돌과 돌의 교축, 거중기의 발명, 목재와 벽돌의 조화를 이룬 축성방법 등은 동양성곽 축성술의 결정체로서 수작으로 불리고 있다. 특히 당대학자들의 동, 서양 축성기술을 치밀하게 분석하고 연구한 끝에 축성함에 따라 화성의 건축사적 의미는 그래서 매우 크게 평가되고 있다.

실학은 철학, 공직자는 철학적 소양을 갖춰야!

이처럼 실학정신이 가득 담긴 수원은 이전의 수원이 아니다. 눈을 비비고 새롭게 바라볼 그러한 도시다. 경학에서 실학이 나온 만큼 실학은 오늘날로 치면 철학이다. 이런 의미의 연장선상에서 수원시의 공직자들은 모두가 철학에 대해 외면하거나 모른 척 해선 곤란하다 할 것이다. 정무직과 일반직, 기능직 할 것 없이 수원시의 모든 직원은 실학이 뭔지 철학이 뭔지를 제대로 인식해야 한다.

철학은 어렵고 딱딱하다. 그래서 골치 아픈 것도 사실이다. 그러나 그런 골머리를 앓기 싫은 공직자들은 조용히 물러나야 한다. 그래야 조직이 산다. 조직이 살아야 시민이 편안하게 살 수 있다. 공직자를 표방하면서, 군자君子로 표방하면서 꼭 소인小人배 짓이나 하는 공직자는 더 이상 공직에 존재할 이유가 없다. 대의大義는 물론 소의小義도 없는 공직자는 더 이상 공직자가 아닌 것이다.

춘추필법春秋筆法이란 말이 있다. 공직에서 벌어지는 일들 가운데 중요하게 지적될 수 있는 부분들을 하나도 빠뜨리지 않고 모두 기록함을 뜻한다. 착한 일은 감추어지더라도 적어도 악한 일에 춘추필법이 적용되진 말아야 하지 않겠는가. 더 늦기 전에 자신과 조직이 어디로 향하는지, 무엇을 향해 가고 있는지를 숙고해야 한다. 진실로 공직자라면 시대를 읽고 조직을 읽고 자신을 읽어야 한다.

055

화장실 들어갈 때와 나올 때의 마음은 같아야!

오늘날 우리의 정치인들은 정부나 자치단체 혹은 여당의 책임 있는 자리에 들어가기만 하면 어찌된 일인지 이전의 모습과는 상반되는 언행을 목격하게 된다. 참 이상한 일이다. 소신을 가지고 자신이 끊임없이 주창하던 것이 지지의 담보로 작용해서 현 자리가 설정되었음에도 불구하고 이를 한 순간에 뒤집는 것이다.

그들은 그럴 때마다 늘 상황논리를 들이댄다. "당시와 지금의 상황은 다르다."라는 말이 공통점이다. 마치 "작년에 왔던 각설이 죽지도 않고 또 왔네." 라고 하는 예측이 절로 들 정도가 되니 도대체 자리를 위한 자리인지 아니면 진실로 국민을 위한 자리인지를 헷갈리게 한다. 혹 그래서 서로 자리를 차지하려는 건가?

　미국의 대통령들 가운데 아이젠하워는 군인 출신이고 레이건은 배우 출신이다. 그리고 지금의 부시는 중앙정보부 국장 출신이다. 이들의 공통점은 이전의 직업들에서 자신들이 주창하던 이른바 소신을 자리와 상관없이 지켜냄으로써 국민들로부터 오랜 존경을 받거나 받았던 인물들이다. 물론 과거의 부시는 빼고.

　그들은 자신들의 소신을 굳건하게 지켜냄으로써 결국 국민들의 신뢰가 유지되고 이를 통해 미래에 대한 예측가능성을 높인다는 점이다. 그래서 미국은 군인출신이나 배우출신, 중앙정보부 출신이라 하여 배척의 대상이 되지 않는다. 모두가 자신의 소신이 지지자들과 암묵적으로 결합되어 있어 국민들이 헷갈리지 않는 것이다.

　우리는 많은 정치인들이 화장실을 나오고 나서 놀라운 일들을 서슴없이 자행함을 본다. 운동권에서 큰 인사가 운동권을 탄압하는 것은 물론 극렬하게 노동운동을 하던 인사가 반 노동자적인 행태도 불사한다. 또 눈만 뜨면 개혁의 기치를 내걸고 밥을 먹던 인사가 어느 날 입장을 완전히 바꿔 반 개혁에 앞장서는 일도 흔하다.

　군인 출신, 배우 출신, 국정원 출신, 법률가 출신, 심지어는 학자 출신도 다르지 않다. 자리만 차지하면 이전의 신념 따위는 손바닥 뒤집듯 한다. 도대체가 '미래에 대한 예측'을 할 수가 없다. 기업들이 수십조 원의 현금을 보유하고도 설비투자를 하지 않고 있는 것도 결국 '불신에서 비롯된다'는 점에서 성찰할 일이다.

　공자는 국가의 존립에 필요한 세 가지 요소를 '경제'와 '국방' 그리고 '국민의 신뢰'를 들었다. 그런데 공자는 '신뢰'를 무엇보다 중시했다. 어떤 정부도 국민의 신뢰를 얻지 못하고서는 제 아무리 훌륭한 정책을 내 놓는다 한들 겉돌 수밖에 없다고 보았기 때문이다. 생각해 보라. '신뢰'가 없는 정부가 얼마나 갈 수 있는지를.

그런 점에서 정치인들은 화장실 가기 전의 소신을 분명히 확인하고 실천해 나가야 한다. 그것이 옳고 그름을 떠나 국민들이 최소한 미래를 예측할 수 있도록 가장 가까운 곳부터 자신의 소신을 펼쳐야 한다. 늘 상황논리에 빠져 자신의 안위만을 살피는 것은 노예근성으로 졸부_{拙夫}의 자리를 꿰찬 것과 다름이 없는 것이다.

화장실 이용을 즐기는 사람은 없을 것이다. 늘 악취가 진동하는 곳을 누가 즐기겠는가? 그러나 좋던 싫던 살려면 이를 이용할 수밖에 없다. 그런 점에서 오늘날 우리 지도자들의 행태를 비판하지 않을 수 없다. 마치 오늘만 화장실을 이용할 것 같이 하는 인사가 즐비하기 때문이다. 아~ 소신! 이를 어쩌란 말인가!

056

행정수도건설특별법의 위헌을 상기하며

노무현 정부가 출범한 이후 탄핵에 이는 또 하나의 악재가 발생●했다. '정치란 무엇인가'를 다시금 돌아보게 한다. 궁극적으로 정치는 왜 존재하는가? 정치학에서 말하는 한정된 파이 때문일까? 서구의 왕정과 귀족정 그리고 과두정과 참주정, 민주정 같은 과정도 따지고 보면 가장 기층 민중을 기반으로 출발했음을 볼 수 있는데 우리 동양의 민본사상과 견주어 그 궤를 크게 벗어나지 않는다. 그렇다면 이와 같은 혼란은 어디에서 출발하고 무엇 때문에 나타나는 것인가?

오늘날 우리의 정치행위란 '나'의 생각에서 출발한다. '나'의 생각이

● 지금은 고인이 되었고 또 국민의 많은 사랑을 받고 있지만, 재임 시의 잘잘못을 분명히 하기 위해 춘추필법에 따라 기술한 것이다. 참고로 본 글은 2004년 10월 24일 작성한 것이다.

주장으로 그리고 '나'의 주장에 동의하는 즉 지지자를 결집시키고 이를 토대로 '권력화'해 나가는 것이 일반적 수순이다. 물론 궁극적으로 '나의 덕德'을 펼치기 위함이지만 그러나 덕德을 펼치는데도 일정한 절차와 수단을 필요로 한다. 가령 권력을 차지하기 위해 절차와 수단이 필요한 것처럼 반드시 거쳐야 하는 통과의례다. 그런 점에서 노무현 정부의 이번 '행정수도건설특별법' 정책은 문제를 야기하기에 충분했다.

주지하듯 3월 노무현 대통령은 국회로부터 탄핵소추를 당했다. 국민의 절대다수가 탄핵에 반대했지만 민주당과 한나라당은 국민의 귀와 눈을 배척하고 강행했다. 그러나 탄핵역풍으로 4월 총선에서 한나라당은 소수당으로 전락하고 민주당은 교섭단체도 구성하지 못할 만큼 형편이 구겨지고 말았다. 반대로 노무현의 여당은 과반수 의석을 차지함으로써 국회 제1당으로 도약, 화려하게 부활하고 대통령 권한도 되찾았다. 국민의 의사에 반하는 행위는 누구든 생존할 수 없음을 증명한 셈이다.

이런 점에 비추어 노무현 정부는 국민의 뜻이 어디에 있는지 분명히 살펴야 한다. 따라서 헌법재판소의 재판결과에 대해 겸허히 수용해야 한다. 한때 탄핵과 관련한 재판결과에 대해 쌍수를 들어 환영했던 것처럼 이번에도 결과에 대해 가감없이 수용해야 한다. 구차하게 '처음 듣는 이론 운운'하며 반발하는 듯한 모양새는 그간의 노무현 답지 못한 태도다. 국민과 여민동락하지 못하는 지도자는 철저히 외면당할 수밖에 없는 것을 위에서 보았듯 국민의 뜻에 따라야 한다.

나의 생각을 주장으로 바꾸고 이것을 지지로 결집시킬 수 있을 때,

권력이 되는 것은 매우 오래된 고전이다. 그러나 이렇게 과정을 인지하면서도 제대로 그 역할을 수행해 내지 못하는 것은 문제로 지적할 만하다. 특히 권력을 취득하는 과정이란 매우 험난하고 힘겨운 일이지만, 결과물을 그들에게 제대로 분배해 주는 일도 만만치 않기는 마찬가지다. 때문에 정치는 아무나 하는 것이 아닌 고도의 합리와 봉사정신, 투철한 자기 희생정신이 담보되지 않는 사람에겐 불가능한 일이다.

소유와 분배, 도전과 응전이 따로 존재하는 것이 아닌 것처럼, '내'가 '우리 속'에 있고 '우리'가 '나'를 위해서 존재할 수 있는 것처럼, 노무현 정부는 이제 '내'가 아닌 '우리'가 '우리' 속에서 숨쉴 수 있는 말하자면 보다 철저히 여민동락與民同樂 할 수 있는 정책을 통해 국민 모두를 포용해야 한다. 그것만이 노무현 정부를 장수시킬 수 있는 비결이다. 더 이상 천하를 잃고 그 국민을 잃는失天下 失其民 일이 없기를 진실로 바란다. 왜? 괴롭기 때문이다.

057

아직도 정신을 차리지 못하는 위정자들

하루가 무섭게 변화變化하고 있다. 변화의 의미를 정확히 알고 보면 그리 부정적 얘기가 아님에도 최근 우리나라의 정세는 자연적인 변화라고 얘기하기에는 너무도 소용돌이가 커 보인다. 대만의 독립목소리가 한 층 높아감에 따라 최근 미국과 중국 간에는 미묘한 신경전이 벌어지고 있다.* 도를 넘어서고 있는 느낌이다. 이에 따라 한반도는 우리들의 생각과 바람과는 상관없이 새로운 위기로 다가오고 있다.

일본은 동북아의 패권을 차지하기 위해 방위력 증강에 열을 올리고 있고, 중국은 중화사상에 입각, 세계화 작업을 착착 진행하고 있다.

---

* 시간이 좀 흐른 글이기는 하지만 여전히 주변의 강국들 사이에서 살아남기 위해 많은 고민이 필요한데, 위정자들의 정신상태는 그에 미치지 못하고 있다. 참고로 본 글은 2004년 8월 16일 작성한 것이다.

가령 '동북공정'이라는 프로젝트는 자칫 우리의 정체성을 뒤흔들 만한 엄청난 일이지만 위정자들은 아랑곳 않는 모습이다. 때문에 혼란으로 비춰지고 있다. 물론 대세는 외부적인 요인에서 찾을 수 있지만 편안한 마음으로 마냥 좌시할 만한 일이 아니라는 사실이다.

나라의 근간이 될 수 있는 제조업은 이미 수도 없이 외국으로 옮겨 갔고, 나라 안에 실존하는 우량기업의 절대 다수도 외국자본에 넘어가 있다는 보도는 우리의 심장을 급격히 냉각시키고 있다. 당장은 경쟁력 운운 하지만 왠지 분위기가 심상치 않다. 무엇을 어떻게 대응하는 것이 우리의 삶을 위하는 것인지 총체적으로 점검해야 한다. 연쇄連鎖*를 보라. 하나가 넘어가면 그 다음은 너무도 쉽다.

우리는 지금 어느 것 하나 제대로 작동되고 있지 못하는 상황에 있다. 나라의 기초는 말할 것도 없고 그 최후의 보루라고 할 수 있는 정치권은 아직도 이전투구泥田鬪狗**에 열을 올리며 날을 새고 있다. 국가의 장래가 불투명한 이 시점에서 무엇이 본질이고 무엇이 말단인지조차 구별 못하고, 각 정당의 지도자들은 자신들의 안위만을 살피느라 상황을 제대로 인식하지 못하고 있는 실정이다.

그렇다면 이런 위기 상황에서 공직자들은 어떤 마인드가 필요한가? 말할 것도 없이 기존에 가지고 있던 잘못된 가치체계를 하나 둘 개혁하는데 힘써야 할 것이다. 늘 대국적인 입장을 견지하면서 지극히 소

---

* 도미노와 같은 현상으로 하나가 무너지면 그 다음은 더욱 넘어가기 쉬운 것처럼 긴장을 멈춰선 곤란하다. 최근 SSM(기업형 슈퍼마켓)들이 골목까지 진입하면서 소규모 상점들은 맥없이 무너지고 있다. 연쇄의 의미를 통찰할 때다.

** 이전투구(泥田鬪狗) : '진흙탕에서 싸우는 개' 라는 뜻으로, 자기 이익을 위하여 볼성사납게 싸우는 것을 비유한다.

모적이고 말단적인 다툼을 지양하는 동시에 미래지향적인 입장을 확고하게 정립하는 것이다. 이는 위기를 제대로 인식하고 공직자 본분이 과연 무엇인지 확실하게 인식해야 할 때인 것이다.

현재 여당*의 슬로건은 양심건국良心建國이다. 백범 김구金九(1876~1949)가 썼던 말로 상해임시정부청사에 소장되어 있는 문구이지만, 우리는 진실로 나라를 바로 세우고 가꾸는 일에 보다 더 심혈을 기울여야 한다. '사물이 쉼 없이 변화하고 있음에도 그 변화의 조짐조차 읽어내지 못하고 그저 어떻게 잘 되겠지'라는 안이한 생각을 버리지 못하는 한, 우리의 보금자리는 물론 알도 지켜내지 못할 것이다.

* 과거의 새천년민주당을 말한다.

058

일침을 가해야!

〈일침견혈—針見血〉이란 말이 있다. 한 번의 침으로 죽은피를 빼내면 혈액순환이 잘 된다는 뜻으로 요령要領으로 본질을 잡아낸다는 의미를 담고 있다. 동양의 의술醫術 가운데 숙환이 아닌 갑작스런 병을 얻었을 때 쓰이는 것이 침이다. 침은 죽은피를 제거함으로써 혈액이 원활하게 순환되도록 하는 것을 목적으로 한다.

말하자면 침은 병소病巢(균이 모여 있는 곳)의 정곡正鵠(핵심)을 찔러서 죽은피, 즉 혈액순환을 막고 있는 장애물을 제거함으로써 혈액순환을 원활하게 하는 것을 목적으로 삼는 것이다. 그래서 '침 한 방에 피를 본다'일침견혈—針見血"는 이 말은 간단하게 '요와 령으로 본질을 잡아냄'을 뜻하는 말이기도 하다.

이를 토대로 우리의 '조직사회'를 한 번 둘러보자. 여기저기에서 〈일침견혈—針見血〉해야 하는 곳이 적지 않음을 볼 수 있다. 하지만 현실은 안타깝게도 '좋은 게 좋다'는 정서로 인해 일침을 가하지 못함으로써 우리의 조직은 점점 경직되어가는 시기를 지나 쇠퇴기를 맞이하고 있을 정도로 심각한 수준에 놓여있다.

건강한 조직은 건강한 사람들이 참여할 때 가능하다. 그러기 위해서는 건강한 사람들의 생각들이 유감없이 도출될 수 있는 '분위기'가 마련되어야 한다. 그리고 그러한 생각들을 여과 없이 받아들일 수 있는 지도자의 아량은 필수다. 더 이상 손 쓸 수 없는 물리적 한계에 도달하기 전, 상호 부지런히 일침을 가해야 한다.

059

유항산 유항심!

춘추전국시대春秋戰國時代라고 하면 세상이 매우 혼란했던 시대로 알려져 있다. 지금부터 2,700년 전부터 2,200년 전까지 무려 5백 년간이다. 세상이 어지러워 전쟁이 끊일 날이 없었지만 묘하게도 학술 사상만은 놀랍도록 발달했다.

당시 제후諸侯라면 누구나 패업霸業에 혈안이 되어 천하의 일류 학자들을 초빙했다. 이름난 학자들은 앞 다투어 제후를 찾아 치국책을 건의했다. 이른바 유세遊說가 그것인데 최초로 유세를 한 사람이 공자였다. 물론 실패로 돌아갔지만.

공자가 죽고 백여 년, 맹자가 태어났다. 그 역시 공자처럼 천하를 돌아다니며 자신의 정치적 이상을 펼치고자 노력했지만 제대로 받아주는 이가 없었다. 그 역시 유세에 실패하고 초라한 모습으로 고향에 돌아와 쓸쓸히 만년을 보내고 있었다.

고향에서 그리 멀지 않은 곳에 '등滕'이라고 하는 작은 나라가 있었다. 등나라 문공은 과거 한 때 맹자에게 사사師事했던 적이 있었기 때문에 늘 그의 인격을 흠모하고 있었다. 마침 그가 향리에 돌아왔다는 소식을 듣고는 국정의 고문으로 초빙했다.

맹자가 오자 대뜸 치국책을 물었다. 그 때 맹자가 한 말이 유명한 〈정전제井田制〉다. 토지를 우물 정井자 모양으로 9등분해 가운데의 땅만 공전으로 두어 공동 경작하게 하고 나머지는 모두 개인에게 주어 농사를 짓도록 하는 방법이었다.

그것은 그의 철저한 위민정신爲民精神에서 기인한다. 그는 늘 통치자보다는 백성의 입장에서 정치를 논했다. 그의 논리는 간단하다. 왕도정치의 첫 걸음은 백성들로 하여금 의식주를 족하게 해주는 데 있다고 한 것이 그것이다.

제 아무리 인의와 도덕을 강조한들 백성들이 굶주리고 있다면 신경쓸 겨를이 없다는 뜻이다. 곧 민생의 안정을 역설한 것이다. 그래서 맹자는 "변치 않는 재산이 있으면 변치 않는 마음도 있는 법" '유항산 유항심有恒産 有恒心'이라는 유명한 말을 남겼다.

이 말을 뒤집어 보면 '항산恒産이 없으면 항심恒心도 있을 수 없다'는 뜻이다. 그렇다. 우리 속담에도 '쌀독에서 인심 난다'는 말이 있다. 또 '삼일 굶어서 도둑 안 되는 사람 없다'는 말도 이와 같은 말이라 할 수 있다.

결국 치국의 첩경이 민생에 달려 있음을 알 수 있는 말이다. 말하자

면 백성들이 배불리 먹을 수 있어야 예의와 염치를 가르칠 수 있는 것
이다. 그렇다면 공직자들은 어떤가. 공직자들도 굶주리면 도둑이 되고
일반인처럼 되어야 하는가?

　여기서 공직자들이 반드시 알아두어야 할 말이 있다. "선비는 항산
이 없어도 항상된 마음이 있고, 일반인은 항산이 없으면 항산된 마음
이 없다."*는 것이 그것이다. 공직자가 일반인과 같은 마음을 지녀서
는 곤란하다는 얘기다.

　공직자는 예로부터 선비로 불렸다. 따라서 "무항산이라도 유항심"의
자세가 필요**하다. 그것이 공직자로서 당연히 가져야 할 자세일 뿐
아니라 책무다. 모두의 안위와 온전한 나라를 존립케 하는 기틀이 된
다는 점에서도 잊지 말아야 한다.

---

* 無恒産而有恒心者 惟士爲能 若民則無恒産因無恒心.
** 『관자』에도 창고가 차야 예절을 안다는 말이 있듯 맹자도 일반인은 누구나 항산이 없으면 항심을 지
　니기 어렵다고 했다. 그러나 공직자는 항산이 없어도 항심을 지닐 수 있어야 한다.

지도자들은 회사후소를 제대로 알아야!

〈회사후소繪事後素〉라는 말이 있다. '그림 그리는 일은 흰 바탕이 있는 이후에 한다'는 말로, 본질이 있은 연후에 꾸밈도 있음을 뜻한다.

공자의 제자인 자하子夏가 물었다. "교묘한 웃음에 보조개여, 아름다운 눈에 또렷한 눈동자여, 소박한 마음으로 화려한 무늬를 만들었구나. 하였으니 무엇을 말한 것입니까?" 이에 공자가 답하길 "그림 그리는 일은 흰 바탕이 있은 후이다." 그럼 "예는 나중입니까?" 공자가 말했다. "나를 일으키는 자는 바로 자네로다. 비로소 함께 시詩를 말할 수 있게 되었구나."

동양화에서 하얀 바탕이 없으면 그림을 그리는 일이 불가능한 것과 마찬가지로 소박한 마음의 바탕이 없이 눈과 코와 입의 아름다움만으로는 여인의 아름다움이 표현되지 않는다는 것이 공자의 말이다. 이에 자하는 밖으로 드러난 형식적인 예禮보다는 그 예의 본질인 인仁한 마음이 중요하므로 형식으로서의 예는 본질이 있은 후에나 의미가 있는 것임을 알게 된 것이다.

흔히 유학사상을 비판할 때, 그 대상의 하나를 지적해 보라고 하면 '지나친 형식주의'를 지적한다. 이공계에 몸담고 있는 사람들은 말할 것도 없고 사회과학(인문학은 그래도 사정이 좀 나음)을 공부하는 사람들조차 상당수가 위에서 지적하는 내용과 크게 다르지 않으며, 실제로 이 처럼 왜곡된 부분을 가지고 진실인양 대학 강단에서조차 거리낌 없이 비판하는 것을 자주 목격한다.

그러나 실제와는 많이 다르다. 외부적으로 표방되는 예禮는 먼저 그 내면세계에 이미 인仁한 마음이 깔려 있지 않으면, 그 어떤 완벽한 형식의 예禮라도 소용이 없음을 뜻하는 데도 이를 알지 못한다. 문질빈빈文質彬彬과도 같은 뜻이다. 외부로 표방되는 행위의 과정 하나하나가 모두 형식에 해당하는 문文이라 한다면, 여기에 질質 즉, 바탕이나 내용면에서 담보가 되지 않으면 안 된다는 말이다.

공직사회의 입장에서 다시 보면, 공문서를 작성할 때 상당한 예를 갖춰야 하듯 그 속의 내용 또한 걸맞게 해야 한다는 말이다. 말하자면 속과 겉 모두가 빈빈해야 하는 것이다. 옛 사람들이 어느 한 쪽에만 치우치는 것을 경계한 것이 바로 이런 이유에서다. 모든 행위가 예禮에 해당한다면, 그 본질仁이 충실이 담겨 있을 때, 비로소 명실상부名實相符할 수 있다는 의미다. 지도자들은 꼭 새겨둘 일이다.

061

섬기기는 쉬우나 기쁘게 하기는 어렵다

"군자君子는 섬기기는 쉬우나 기뻐하도록 하기는 어렵고, 소인 小人은 섬기기는 어려우나 기뻐하도록 하기는 쉽다."는 말이 있다.

우리는 흔히 군자는 성격이 곧고 깐깐하여 섬기기 어려울 것 같고, 소인은 그 원하는 것만 들어주면 되므로 섬기기 쉬울 것이라고 생각하기 쉽다. 하지만 사정은 그렇지 않다. 사실 '섬긴다는 것'과 '기뻐하게 한다'는 것은 엄청난 차이가 있다. 그런데 사람들은 그저 '섬긴다'는 의미를 단순하게 '기뻐한다'는 의미로 잘못 해석하는 경우가 있다.

군자는 사람을 부릴 때, 늘 그 사람의 능력에 따라 적재적소에 배치하는 능력을 가지고 있다. 때문에 아랫사람은 군자를 섬김에 있어서 사실상 자신에게 주어진 일만 하면 일이 간단히 처리된다. 그래서 군자는 섬기기 쉽다고 할 수 있다. 그러나 군자를 기쁘게 하기는 참으로 어렵다. 왜냐하면 군자는 도道를 다하지 않으면 기뻐하지 않기 때문이다.

반면 소인은 섬기기가 매우 어렵다. 소인은 아랫사람을 잘 부릴 줄도 모르면서 자신의 무능함까지도 감싸줄 수 있는 완벽함을 항상 아랫사람에게 요구하고 있기 때문이다. 그러나 이 같은 소인을 기뻐하도록 하기는 매우 쉽다. 비록 도道로써 섬기지는 않더라도 물질적 욕구를 충족시켜주기만 하면 되기 때문에 정신적 욕구의 군자보다 훨씬 쉬운 것이다.

공직자는 예로부터 군자로 불렸다. 그러나 공직자라고 해서 모두가 군자라는 말은 아니다. 공직자가 공직자다울 때, 군자라는 말을 허용하거나 수용할 수 있다. 하는 짓이라곤 늘 소인배 짓만 골라 하면서 군자의 타이틀을 차지하고 있는 것은 마치 도적이 공직자의 타이틀을 훔친 것과 조금도 다르지 않은 셈이다. 가까운 곳에서 군자다운 사람을 찾아보자.

062

리더의 네 가지 유형

2차 대전 당시 '사막의 여우'로 유명했던 독일의 롬멜 군대를 무찌르고 연합군에 승리를 안겨줬던 영국의 몽고메리 장군이 전쟁이 끝난 뒤, 훌륭한 '리더의 조건'을 묻는 질문에 다음과 같은 네 가지 유형을 들었다.

첫 번째로 든 것이 이른바 똑부형(똑똑하고 부지런한 형)이다. 명석한 두뇌로 상황판단이 빨라 주어진 상황에서 무엇이 핵심 이슈인지를 바로 알아내어 실천에 옮기는 스타일을 말하는 데, 예를 들면 제갈공명과 같은 스타일이다.

두 번째는, 똑게형(똑똑은 하지만 게으른 형)이다. 상황판단이 빠르고 이슈 개발에 뛰어나나 조급한 행동을 하기보다는 느긋이 기다리며 인내할 줄 아는 스타일을 말한다. 세勢를 읽는 안목과 여유를 갖추고 있다. 조조 같은 스타일이다.

세 번째는, 멍부형(멍청하지만 부지런한 형)인데, 상황이나 이슈판단 없이 행동부터 하고 보는 유형으로 이런 사람이 군대의 지휘를 맡으면 군대가 어디로 갈지 모른다. 한 마디로 대책 없는 유형이다. 가장 경계해야 하는 유형이다.

네 번째로 멍게형(멍청하고 게으른 형)을 들었는데, 뭐 별로 생각하는 것도 없고 행하는 것도 없는 그야말로 소극 그 자체를 말하고 있다. 스스로의 힘으로는 도저히 무엇 하나 행할 수 없는 스타일이다. 한마디로 고려 배제 유형이다.

어느 조직에나 리더는 있게 마련이다. 그러나 어떤 리더가 존재하느냐에 따라 조직이 건강하기도 그렇지 못하기도 한다. 역설적이지만 그렇다면 '지금 바로 여기'에서 수원시의 리더는 어떤 유형의 리더들이 대거 포진하고 있을까.

마음을 가다듬고 수원시의 실상을 보자. 설사 멍게와 멍부형의 리더가 다수 존재하더라도 실망할 필요는 없다. 다만 이를 인식하고 똑게와 똑부형으로의 변화를 추구한다면 가능하다. 하학이상달下學而上達*이라 하지 않던가. 누구나 그렇게 성장을 한다.

---

* 하학이상달(下學而上達) : 아래를 배워 위에 달한다는 뜻으로, 낮고 쉬운 것을 배워 깊고 어려운 것을 깨달음을 의미한다.

063

간부가 건강해야 조직이 산다!

『맹자』에 보면 이런 이야기가 나온다. 제나라 선왕이 맹자에게 묻기를, "탕湯왕이 걸桀을 몰아내고, 무武왕이 주紂를 정벌했다고 하는데, 그런 일이 있습니까?" 맹자가 "전하는 바에 의하면 있습니다." 했다. 이런 맹자의 대답에 깜짝 놀란 선왕이 다시 묻기를, "신하가 그 군주를 시해한다는 것이 가능*합니까?"

이에 맹자는, "인仁을 해치는 자를 적賊이라 이르고, 의義를 해치는 자를 잔殘이라 이르며, 잔적殘賊한 사람을 한 지아비一夫라고 이르니, 한 지아비인 주紂를 베었다는 말은 들었어도 군주君主(군주다운 군주)를 시해

* 걸은 하나라 마지막 천자였고, 주는 은나라 마지막 천자였음, 따라서 탕과 무는 각각 하나라와 은나라 때의 제후의 위치에서 천자를 시해했던 것

하였다는 말은 들어 보지 못하였습니다."라고 대답하였다.

맹자의 이 말은 군주가 군주답지 못하면 이미 군주가 아니고 일개 지아비에 불과함을 역설하고 있는 것이다. 맹자는 공자의 정명사상正名思想(임금이 임금답고, 신하가 신하답고, 부모가 부모답고, 자식이 자식다운 것)을 인용하여 군주가 군주다운 행동을 하지 못한다면, 한 지아비와 같다고 보는 것이다.

세상살이가 흉흉하다 보니, 고래로부터 전해오던 온갖 해괴한 일들이 속속 벌어지고 있다. 부모가 자식을, 자식이 부모를 살해했다는 소식이 쉴 새 없이 터져 나온다. 관성 때문인지 이젠 엽기적인 살해소식이 아니면 관심조차 끌기 어려운 지경이다. 모두가 이름에 걸맞지 않은 행동들로 인해 생기는 일들이다.

논의를 전개하기 위해 『맹자』의 이야기 한 구절을 약간 각색하여 보자.

추나라가 노나라를 상대로 전쟁을 일으켰는데, 추나라 목공이 맹자에게 묻기를 "내가 끔찍이도 아끼던 병사와 관리들이 33명이나 죽었는데, 백성들은 죽은 사람이 하나도 없습니다. 하도 괘씸해서 죽여 버리자니 백성 모두를 죽일 수 없고, 그냥 넘어가자니 윗사람 보기를 개떡으로 볼 것 같은데 어쩌면 좋겠습니까?"

맹자는 "흉년과 기근이 들은 해에 늙고 약한 사람들은 개천에 굴러 떨어져 죽고, 건강한 장정들은 사방으로 흩어진 사람이 수천 명이나 되는데도 임금의 양곡창고는 가득 차 있고, 재물창고는 재화로 가득하거늘 임금이 아끼던 사람들은 이러한 사정을 보고하지 않았으니, 이것은 윗사람이 게을러서 아랫사람을 죽인 꼴입니다.

증자가 '경계하고 또 경계하라. 너에게서 나온 것은 너에게 돌아오는 것이다'라고 했는데, 백성들이 지금에서야 보복하려는 것이니, 임금께서는 백성들을 탓하지 마십시오. 임금께서 어진 정치仁政를 행하시면, 백성들은 윗사람을 사랑하고, 또한 윗사람을 위하여 충분히 죽을 수 있을 것입니다.”라고 답했다.

사람들은 보편적으로 위로 올라갈수록 카리스마charisma가 있어야 한다는 생각들을 한다. 특히 간부幹部는 카리스마가 더욱 있어야 한다고 생각한다. 그러나 아무 생각도 없이 권위만 혹은 무늬만 내 세우는 카리스마는 올바른 카리스마가 아니다. 카리스마가 '은혜'라는 말에서 비롯된다는 것을 보면 더욱 그렇다.

카리스마를 우리말로 하면 〈확충〉 즉 〈확이충지擴而充之〉라 할 수 있다. 〈확충〉은 다름이 아닌 '은혜를 넓히고 채워준다'는 의미다. 그럼 '간부'가 아랫사람 대하기를 마치 개 취급하는 간부가 존재한다면 이를 어떻게 해석할 수 있을까. 반드시 일정한 시간이 지나 부메랑이 되어 화禍가 도달할 것은 불을 보듯 뻔한 일이다.

'간부'는 나무에 비유하면 줄기에 해당한다. 이를 다시 나라의 조직으로 말해보면 뿌리에 가까운 대통령과 총리, 장관, 지사, 시장, 국장, 과장, 팀장, 뭐 이런 식으로 올라가며 자라간다고 볼 수 있을 것이다. 말하자면 간부라는 것은 나무든 조직이든 가장 '중심을 이루는 축'이라 할 수 있겠다.

특히 나무라면 줄기가 튼실하게 자리함으로써 가지와 잎들이 이를 바탕으로 온전히 지탱할 수 있게 하고, 조직일 경우에도 이와 같은 중심으로써 건강하게 자리를 잡아줄 때, 각각의 조직원들은 이에 의존하여 마음 놓고 주어진 업무를 착실하게 추진할 수 있게 됨은 물론일 것이다.

나무든 조직이든 간부가 튼실하지 못하면 반드시 어느 일정한 시기에 도달, 정체성을 의심받기 십상이다. 이 때 실마리를 잡는다면 다시 성장일로를 거듭할 수 있지만, 그렇지 못할 경우엔 나무든 조직이든 모두 도태될 수밖에 없다. 줄기가 건강해야 가지가 건강하고, 가지가 건강해야 잎이 무성하게 됨과 같은 경우다.

말하자면 이를 발판으로 잎이 무성하게 잘 자라주어야 이것이 후일 자양분으로 거듭남으로써 나무의 건강을 유지할 수 있게 되는 원리와 같은 것이다. 나무든 조직이든 변화에 따라 처하지 못하면, 결국 도태되고 마는 것이 자연의 이치다. 따라서 간부는 늘 〈수시처중隨時處中〉*할 수 있어야 하는 것이다.

때문에 변화에 누구보다 민감하게 대응해야 하는 자리도 바로 간부의 자리다. 따라서 어깨가 늘 무거울 수밖에 없는 것은 간부로 있는 한 불가피한 일이다. 사정이 이러함에도 변화를 전혀 읽어내지 못하고, 고루하게 옛 것만을 추구하는 듯한 태도는 누구에게도 도움이 되지 못한다는 사실을 통찰해야 한다.

때에 이르러 추나라의 백성들이 군주를 비롯해 위정자들에게 보복할 수 있다는 것을 굳이 염두念頭하지 않더라도, 이는 삶의 원리에서도 순천順天보다는 역천逆天에 가까운 것이니 만큼 시급히 시정되어야 한다. 간부가 건강할 때 가지가 건강하고, 가지가 건강할 때 잎도 파릇파릇할 수 있다는 상식을 간부들은 잊지 말아야 한다.

• 수시처중(隨時處中) : 때에 맞춰 중용에 처하는 일.

정치는 사람에게 달렸다!

공자는 하늘의 질서와 인심의 질서, 사회의 질서가 기본적으로 일치해야 한다고 생각했다. 그는 절대적인 '믿음'을 사회 질서 속에 심고자 했다. 어느 날 공자가 "나는 아무 말도 하고 싶지 않다."고 하자, 자공이 "선생님께서 말씀을 하지 않으시면 저희들은 무엇을 받아 전하겠습니까?"하자, 공자는 "하늘이 무슨 말을 하더냐. 하지만 사계절은 운행되고 만물은 자라난다. 하늘이 무슨 말을 하더냐?"했다.

공자의 이 말은, 누구나 순리에 따라 일을 행하면 결코 많은 말의 이치가 필요치 않으리라는 말이다. 그런 의미에서 공자는 말할 필요가 없다고 한 것인데, 제자인 자공이 무슨 말인지 몰라 다시 물었던 것이다. "만약 선생님께서 아무 말씀도 하지 않으시면 우리 제자들은 무엇을 좇아 행하면 좋겠습니까?” 이에 공자는 “하늘을 보아라. 아무 말도 하지 않는다.

그럼에도 사계절은 질서 정연하게 운행되고, 만물은 변함없이 생장하고 있으므로 하늘은 아무 말도 하지 않는 것이 아니냐? 그러므로 이 세상에서 하늘을 따르는 도를 수립한 군주야말로 참으로 위대한 군주이며, 그가 수립한 질서는 하늘에 있는 모든 별이 북극성을 따라 도는 것처럼 올바르게 운행되는 것이다. 그런데 어떻게 해야 그러한 이상에 도달할 수 있는가? 오로지 〈덕德〉에 의지할 수밖에 없다.”

그러면 〈덕〉이란 무엇을 말하는가? 공자는 이렇게 말한다. “정치政治를 하는 가운데 다섯 가지 〈덕〉이란 〈신중〉, 〈관대〉, 〈성실〉, 〈근면〉, 〈자애〉이다. 즉, 신중하면 방만한 데 흐르지 않고 위엄을 갖추어 사람들에게 가볍게 보이는 일이 없다. 관대한 사람에게는 인망이 모이고, 성실한 사람은 신뢰를, 근면하면 실적이 쌓인다. 자애심을 가지고 사람을 대하면 사람들이 기쁜 마음으로 따르는 것이다.”

요즘 우리 정치권에서는 말할 수 없이 여러 파문으로 얼룩지고 있다. 파문이 날이면 날마다 퍼져 나와서인지 이제는 어지간한 파문엔 기사거리도 안될 정도다. 급기야는 사실상 정치적 지위에 있는 공직자들의 입을 틀어막겠다고 이른바 함구령緘口令도 불사한다. 참으로 어처구니가 없는 일 아닌가. 지금이 어떤 세상인데 함구령인가. 물론 스스로의 단속이 필요하겠지만 함구령은 지나치다.

오늘날 이 시점에서 우리의 정치 지도자들이 행해야 할 것은 무엇인가. 국정의 최고 책임자는 그에 걸 맞는 〈신信〉과 〈덕德〉을, 그리고 이에 참여하는 수많은 지도급 인사들은 지도급 인사에 맞는 〈신信〉과

〈덕德〉을 갖출 수 있도록 진실로 노력하는 모습을 보여 주어야 한다. 말하자면 자신의 재주와 능력이 다름이 아닌 진실로 〈신信〉과 〈덕德〉을 앞세울 수 있는 '재주와 능력'이 되어야 한다는 얘기다.

어떤 목표를 설정하고 끊임없이 지속할 때, 실질적인 진보가 될 수 있음은 말할 것도 없다. 지도자 자리에 선 다음 〈신信〉과 〈덕德〉을 갖추려면 무리가 따를 수밖에 없다. 순리에 벗어나지 않는 선에서 위의 여러 덕목을 체득하도록 늘 자기 자신을 엄격히 다스려 나가지 않으면 안 된다. 최소한의 수기修己도 안 된 상태에서 윗자리를 넘보는 것은 정치의 정政도 모르는 흉악한 무리에 불과할 뿐이다.

쥐도 안 먹는다!

"아! 쥐도 먹지 않을 썩은 쥐를 가지고 소리를 지르고 있구나!" 혜자가 양나라의 재상이었을 때, 그의 친구인 장자가 그를 만나러 갔다. 그 때 어떤 사람이 혜자에게 말했다. "장자가 오면 당신을 대신해서 재상이 되려고 할지도 모릅니다." 이 말을 들은 혜자는 두려워졌다. 그래서 사흘 낮과 사흘 밤 동안 온 나라 안을 뒤져서 찾게 했다. 이 사실을 전해들은 장자는 직접 찾아가서 말했다.

"원추라는 새가 있었다네……. 그 원추는 남해에서 출발하여 북해로 날아가지만 오동나무가 아니면 머물지 않고, 멀구슬나무의 열매가 아니면 먹지 않으며, 감로천의 샘물이 아니면 마시지를 않지. 그런데 그 때 올빼미 한 마리

가 썩은 쥐를 물고 있다가 원추가 지나가자 빼앗기지 않을까 염려하여 '꽥'
하고 소리를 질렀다네. 원추는 그 썩은 쥐를 주어도 먹지 않는데 말일세. 그
대는 양나라의 재상자리에 있으면서 나에게 자리를 빼앗길까 두려워 '꽥' 하
고 소리를 지르고 있지 않는가!"•

이상과 현실 사이에서 우리는 늘 고민하고 갈등하는 존재들이다. 예
나 지금이나 관심과 집착의 양태가 크게 달라지지 않았음을 볼 수 있
는 좋은 사례다. 자리의 귀천에 관계없이 때로 그것이 자신의 안위를
담보한다는 점에서 혜자의 자세를 비판하거나, 그렇다고 장자의 태도
를 옹호할 일도 아닌 듯하다. 문제는 이상은 크게, 실재는 덜어내는
작업을 하는 것이 이 시점에서 보다 중요한 자세가 아닐까.

• 『장자』, 「秋水」편.

066

사회적 약자를 위해야!

노자老子는 다음과 같이 강조한다. 사람은 연약하게 태어나 점차 단단하게 굳어져 죽고, 만물 초목도 부드럽게 나서 딱딱하게 말라 죽는다. 그러므로 단단하고 강한 것은 죽음의 무리라 이르고, 부드럽고 연약한 것은 삶의 무리라 이른다. 그래서 군사가 강하기만 하면 이길 수 없고, 나무가 강하기만 하면 베어지는 것이다. 강하고 큰 것(나무의 밑 둥이나 뿌리)은 낮은 곳에 처하고, 부드럽고 연약한 것은 높은 곳(나뭇가지 등)에 처한다.

가끔 권위의 논리(정치, 경제, 사회, 문화 혹은 공직에서조차)가 판을 치는 것을 목격한다. 그런데 그들의 주장을 잘 살펴보면 공통점이 하나 발견된다. 바로 올바른 권위가 아닌 '강자의 논리'를 펼친다는 것이다. 한마디로 이해나 양해 뭐 이런 것하고는 아예 거리가 멀다. 남의 사정은 조금도 아랑곳하지 않고 오직 자신들의 위치에서(왜곡된 권위를 앞세워)만 주장을 늘어놓기 일쑤다. 남이 자신들의 의견에 따르든 말든 상관 않는다. 참으로 딱하기 그지없는 일이다.

노자는 지위가 높아갈수록 아래에 처하면서 지위가 낮은 이들을 높이라 했다. 딱 맞는 말이다. 얼마전 모 장관후보자가 청문회를 통과하지 못하고 낙마한 적이 있다. 그는 차관으로서의 직무에 아무런 문제가 없었으나 장관자리에 오르려다가 세상의 정서가 바뀌면서 통하지 않았다. 그간 공직에 재임하면서 상당한 지혜의 보따리가 쌓였을 것을 고려하면 안타까운 일이 아닐 수 없다. 역시 연약함이 단단함을 이긴다는 말은 단순히 물리적 차원의 이야기가 아님을 알 수 있다.

멀리 갈 필요도 없다. 주변을 돌아보자. 지위만 있고 실이 없는 인사(명실상부한 인사가 되어야 함에도)는 없는지? 권위가 어디에서 나오는지 전혀 인식조차 못하면서 사정없이 자신의 주장만을 내 세우는 인사는 없는지? 평소 허虛(빔, 여유)가 전혀 없어 직원들 간 불화를 자초하는 인사는 없는지 둘러보자. 나와 상대를 가리지 않고 만일 존재한다면, 하루빨리 정도正道로 갈 수 있도록 변화를 시도해야 한다. 노자가 아니더라도 모두의 안위를 위해서 반드시 시도해야 한다.

067

조장하지 말아야!

맹자孟子가 강조한 것 가운데 내면의 수양이 있다. 천부적인 선한 성품을 열심히 갈고 닦으면 누구나 성인·군자가 될 수 있다는 것인데, 이른바 〈성선설性善說〉이다. 그는 자신의 주장을 행동으로 실천해 보였다. 열심히 공부하고 수양한 결과, 나이 마흔이 되어서는 일체 외부의 유혹에 마음이 흔들리지 않게 되었다.

그래서 공자가 말한 불혹不惑이나 맹자가 말하는 부동심不動心•은 모두 나이 마흔을 가리킨다. 맹자가 말한 부동심은 〈호연지기〉••浩然之氣

• 에피쿠로스(Epikouros, BC342?~BC271)의 부동심의 경지인 아파테이아(apatheia)와도 흡사한 뜻이다.
•• 맹자는 기(氣)를 통일적 의지와 상호 보충되는 도덕적 실천력의 문제로 다루고, '기'는 도의(道義)와 조화됨으로써 의기 당당한 활동이 가능하다 하였다. 또한 그것을 계율적(戒律的), 또는 공리주의적(功

     정 치 철 학   에 세 이

(깨끗한 양심에서 나오는 도덕적 용기)를 기름으로써 가능하고 아울러 서두르지 말 것을 강조하며 제자 공손추에게 다음과 같은 고사를 들려준다.

옛날 송나라의 어떤 어리석은 농부가 자기 논의 벼가 남들 것 보다 키가 작아 보이자, 이에 벼가 쑥쑥 자라도록 벼의 줄기를 모조리 뽑아 올리는 수고를 하고 집에가 가족들에게 오늘 벼가 잘 자라도록 수고하고 돌아왔다고 하자, 가족들이 놀라 논으로 달려가 보았으나 이미 논의 벼들은 모두 말라죽고 말았다는 이야기다.

우리 속담에도 '아무리 바빠도 바늘 허리 꿰어 못쓴다'는 말이 있다. 일에도 순서가 있다는 얘기다. 하물며 인간이 수양을 하는 데는 어떠하겠는가. 공자도 〈욕속부달〉欲速不達(빨리 가려다 오히려 이르지 못함)을 언급한 바 있다. 너무 서두르기를 좋아하는 우리나라 사람들이 꼭 새겨두어야 할 말 같다.

〈알묘조장揠苗助長〉*을 줄여 말할 때 흔히 〈조장助長〉이라 한다. 부정적인 용어로 많이 쓰이고 있다. 그렇다면 우리의 공직자들은 직원 상호간에 업무를 처리할 때 혹시 자신도 모르는 사이 〈조장〉하는 일은 없는지 한 번쯤 둘러보면 어떨까. 조장은 누구에게도 이롭지 못할 뿐만 아니라 순리에도 어긋나기 때문이다.

利主義的)으로 조장하는 것이 아니라, 지정의(知情意)와 더불어 총체적 · 자발적으로 도의를 실현하는 기상으로 기를 것을 주장하여, 그 이상적 상태를 "호연(浩然)의 기야말로 지극히 크고 지극히 강하며(至大至剛) 바르게 길러 손상함이 없다면 하늘과 땅 사이에 충만하다"고 표현하였다. 이 말은 맹자의 주관적 이상주의의 특색을 확실하게 나타낼 뿐만 아니라 유가(儒家)의 실천행위의 기본구조, 그 이상적 상태를 나타낸 것이다.

• 알묘조장(揠苗助長) : 서두르다 오히려 일을 망침을 뜻한다.

068

우유구화와 같은 공직자들!

〈우유구화迂儒救火〉라는 말이 있다. '세상 물정에 어두운 선비가 불을 끄려한다'거나 '급한 상황에서도 원칙만 따지다 일을 그르친다'는 뜻으로 쓰인다.

조趙나라에 성양감成陽堪이란 선비가 있었다. 그의 집에 불이 났는데 사다리가 없어 지붕에 올라갈 수가 없었다. 다급한 나머지 아들에게 이웃집에 얼른 가서 사다리를 빌려오라고 시켰다. 아들은 남의 집을 방문하기 위해 의관衣冠을 잘 차려입고 팔자걸음으로 옆집을 찾았다. 옆집에 방문한 아들은 먼저 주인에게 세 번 읍揖하고 예禮를 갖춘 뒤 마루에 올라앉았다.

옆집 주인은 술상을 내오며 손님대접을 정중히 했다. 답례로 서로 한잔씩 나눈 뒤 주인이 물었다. "무슨 일로 이 누추한 집까지 방문하셨습니까?" "예! 지금 우리 집에 불이 났는데 불길이 급속히 번지고 있습니다. 그래서 사다리를 좀 빌리려 왔습니다."라고 말했다. 주인은 화들짝 놀라며, "아니 어찌 그리도 세상물정에 어둡습니까?" 주인이 발을 구르며 달려가 봤으나 이미 집은 다 타고 없어져 버렸다.

가끔이지만 이 이야기를 주변에 들려주면 대개의 사람들은 껄껄대고 웃는다. 특히 우리 공직자들에게 이 같은 이야기를 해주면 더욱 크게 웃는 모습을 본다. "아니 그렇게도 어리석은 선비가 다 있었단 말이야?" 한다. 그런데 안타깝게도 이렇게 어리석은 선비와 같은 이들이 우리 조직사회에 상존한다는 사실이다. 그것도 〈우유구화〉와 같은 선비들이 얼마나 즐비한지 각종 미디어가 전하기 바쁠 정도다.

지난 해• 영동지방에 집중호우로 수많은 가옥이 침수되고 농경지가 유실되었는데, 복구가 채 끝나기도 전에 올해 또 다시 그와 같은 피해를 당해 수없이 많은 이재민들이 발생하여 세상을 원망하고 있다는 소식이다. 부산, 마산, 대구는 말할 것도 없고, 우리와 같은 경기도 북부지역의 파주 쪽에는 수해가 연례행사로 벌어져 이젠 뉴스거리도 안 되는 지경에 이르고 있단다.

얼마 전, 공직자들의 자질에 대한 데이터를 본 일이 있다. 우리 공직자들을 '자질 만으로 따지자면 세계 유수의 나라 공직자와 비교해

• 본 글은 2003년 9월 25일 작성한 것임.

손색이 없을 만큼 우수한 집단으로 평가'되었다는 사실이다. 그럼에도 우리의 그 우수한 공직에 대한 자질(?)과는 상관없이 업무처리에 관한 마인드는 〈우유구화迂儒救火〉와 같은 공직자들이 그렇게도 즐비하다니 참으로 딱한 일이 아닐 수 없다.

때에 맞는 융통성은 전혀 없이 그저 '원칙과 형식'에만 사로잡혀 일을 그르치는 경우가 비일비재하니 한심하고도 안타까운 일이다. 원칙과 형식을 아예 배제해서도 아니 되겠지만 지나쳐도 곤란하다. 때문에 매사에 원칙과 형식을 고수하면서도 경우에 따라 예외적인 행태와 실리적인 면도 고려해야 한다. 말하자면 상도常道(일상적 도리)가 매우 소중한 가치이지만 권도權道(융통성)도 필요한 것이다.

요컨대 생사生死를 다루는 위급한 상황이라든가 천재지변天災地變과 같은 때에는 융통성이 그 어느 때보다 절실히 발휘되어야 한다. 때에 맞는(시중지도 時中之道) 적절한 대응, 오늘날 우리 공직자들에게 그 어떤 것보다 귀중한 가치라 할 것이다. 늘 한결같이 원칙만 고수하고 형식에만 매달리는 공직자는 우유구화의 전형이라 아니할 수 없다. 더 이상 존재해선 곤란하다.

3부

노동철학 에세이

노조! 니들이 하는 게 뭐니?

 **직원들의 유형!**

오래전 물을 우물에 가서 길어 먹던 시절이 있었다. 그러나 상수도라는 좋은 시스템이 구축되면서 수도꼭지만 틀면 물이 콸콸 나오는 시대가 되었다. 초기 5시간, 10시간씩 이렇게 제한 급수에서 이젠 365일 쉼 없이 물이 공급되고 있다. 하루도 쉼 없이 물이 공급(지속)되도록 하는 것은 결코 쉬운 일이 아니다. 밤이고 낮이고 보이지 않는 곳에서 땀을 흘리는 직원들이 존재하기에 가능한 일이다. 그러나 외부에서 보기에 상수도 관련 직원들이 하는 일이 별로 없어 보인다고 느껴(물이 매일 잘 나오거든) 상수도사업소 직원 수를 대폭 줄여야 한다고 주장하면 관

련 직원들은 과연 동의할 수 있을까?*

수원시에는 환경사업소라는 곳도 있다. 우리가 쓰고 남은 더러워진 하수(일 50만 톤씩 처리)를 하루도 쉬지 않고 하수시스템에 의거 처리하고 있다. 이 하수시스템을 유지하고 지속시키기 위해서는 수많은 사람들이 지켜보던 지켜보지 않던 365일 밤낮없이 고생해야 가능한 일이다. 하수시스템이 고장이라도 나면 전 직원들은 곧 바로 비상이 걸린다. 저절로 시스템이 구동되는 것이 아니다. 직원들의 땀의 결정체라 해도 과언이 아니다. 그러나 외부에서 환경사업소 직원들이 하는 일이 별로 없어 보인다고 느껴 환경사업소 직원 수를 대폭 줄여야 한다고 주장하면 관련 직원들은 동의할 수 있을까?

세무직 직원들의 예를 보자. 과거 세금에 대한 부정이 종종 발생하여 이를 바로잡고자 세정시스템을 개선하였다. 다 그렇지만 시스템이 갖춰졌다고 하여 항상 온전한 것은 아니다. 어쩌다 고장(?)을 일으키면 여기에 종사하는 직원들은 밤낮없이 이를 복구하느라 애를 쓴다. 물론 남들이 보던 보지 않던 순조로운 시스템이 되도록 복구하는 것이다. 또 시스템이 정상화 되었다 하더라도 이 시스템을 지속시키기 위해서는 온갖 땀들이 필요하다. 그러나 외부에서 보기에 세무직 직원들 하는 일이 별로 없어 보인다고 느껴 세무직 직원 수를 대폭 줄여야 한다고 하면 관련 직원들은 동의할 수 있을까?

사회복지직의 경우를 보자. 일명 사통망(사회복지 통합 전산망)이라는 프로그램을 구축하여 시행 중에 있는데, 이게 얼마나 문제점이 많은지

<hr>

* 본 글은 2010년 5월 28일 작성한 것임.

 노 동 철 학 에 세 이

시스템을 도입하기 전보다 상황이 더욱 악화되었다고 난리다. 그러나 수많은 직원들이 시스템 보완과 개선을 위해 밤낮 없이 애쓰고 있는 만큼 곧 양질의 시스템이 확보될 것이 확실하다. 그러나 시스템 개선이 되어 상황이 다소 나아진다 하더라도 이를 유지하기 위해서는 수많은 직원들이 음지에서 고생해야 가능하다. 그럼에도 외부에서 사회복지 직원들 하는 일이 별로 없어 보인다고 느껴 사회복지직 직원 수를 대폭 줄여야 한다고 주장하면 관련 직원들은 어떨까?

어떻게 사업(투쟁)할 것인가!

예로부터 이른바 돌팔이 의사는 존재한다. 병의 진단도 처방도 엉터리라는 별칭이다. 달리 말하면 병을 고치는 것을 목적으로 삼기보다는 돈을 갈취할 목적으로 한 삿된 행실의 결과, 그런 별칭이 되었을 게다. 의사 얘기가 나온 김에 '병을 주고 약을 주는 의사'가 좋은 의사일까? '원천적으로 병이 생기지 않도록 예방하는 의사'가 좋은 의사일까? 백이면 백, 병이 생기지 않도록 하는 의사가 좋은 의사라고 할 것이다. 덫을 놓고 걸리면 벗어나게 해주는 사람보다는 애초부터 덫을 설치하지 못하도록 하는 것이 더욱 중요한 가치임에도 사람들은 덫에 걸린 사람을 구출해 주는 사람을 소중하게 여기는 경향이 있다.

모 구청에서 성안축제에 따른 식권(동사무소 할당)판매와 까나리 액젓 그리고 고춧가루 판매사업 등으로 직원들이 큰 고통을 겪은바 있다. 이런 잘못된 사업을 진행하는 와중에 중지시킨 일이 있다. 그러나 애초 그러한 사업을 하지 못하도록 하는 것이 보다 중요한 가치일 테지만 여하튼 이런 잘못된 사업을 진행하는 와중에 노조에서 중지시킨 부분에 대해 칭찬을 들은 바 있다. 하지만 이런 사업을 애초부터 하지 못하도록 작업을 하여 평온을 유지하면 사실 더욱 선호해야 함에도 오히려 노조에 대해 "노조! 니들이 하는 게 뭐니?"라고 하거나 노조의 존재감에 대해 부정하는 식의 주장을 하면 이를 어떻게 해석해야 할까?

참 희한한 일이다. 노조가 투쟁하는 조직은 맞지만 그러나 투쟁(사업)을 하는 과정에는 여러 방법이 있을 수 있다. 대표적으로 강경노선과 온건(조용하게 명분과 실리를 얻는 방법 구사)노선을 들 수 있다. 다시 말하면 싸워서 이기는 방법과 싸우지 않고 이기는 방법이 있다. 물론 싸우지 않고 이기는 방법이 고수다. 하지만 싸우지 않고 이기는 방법을 구사하려면 고도의 전략과 전술이 필요하다. 상대가 편히 쉴 때 준비하고, 상대가 한 번 고민할 때, 열 번 백 번 고민해야 한다. 어떤 세상인데 권리를 쉽게 나누려 하겠는가. 우리가 투쟁하는 만큼 상대도 비례하여 투쟁으로 나온다는 사실을 인식해야 한다.

2004년부터 노동조합 간부 활동을 하면서 온갖 상황을 목격했다. 그러나 병을 주고 약을 주는 이 같은 사업(투쟁)방식으로는 결코 오래 갈 수 없음을 인식했다. 직원들의 피부에 와 닿는 각종 복지와 문화, 인권과 인사문제 등 그야말로 양질의 사업만이 노조가 존립할 수 있음을 깨달았다. 그럼에도 "노조! 니들이 하는 게 뭐냐?"고 폄훼하거나 노조의 존재에 대해 부정하는 듯한 태도는 심히 유감이 아닐 수 없다.

• 각종 행사로 인한 직원 강제동원 중단과 표 강매 중단, 매년 되풀이 되던 적십자사 회비 모금 대폭 완화, 육아보육수당 증액, 복지 포인트 상향, 공직의 약자인 여직원들의 인사시 우대책 강구하여 실질적

노동철학 에세이

수준 낮게 실적을 드러내는 것˙도 우습다만 그러나 무엇이 우리 모두의 안위를 위해 필요한 것인지 고민은 해야 한다. 〈역지사지易地思之〉˙하는 성숙한 공직자의 모습으로 나와 주길 기대한다.

반영, 각종 문화와 체육(그룹사운드와 사물놀이·족구·탁구·축구 등)대회 실시, 공직의 약자와 사회적 약자 돕기 사업, 직원과 자녀를 위한 장학사업, 참 공무원 발굴 사업, 베스트 공직자 발굴과 인사와 인권 등 이루 헤아릴 수 없을 만큼 직원들의 실질적 복지에 힘쓰고 있다.

˙ 상대편의 처지나 입장에서 먼저 생각해보고 이해하라는 뜻이다. 『맹자』, 「이루」에 나오는 '역지즉개연(易地則皆然)'에서 유래했다. 중국의 전설적인 성인인 하우(夏禹)와 후직(后稷)은 태평한 세상에 자신의 집 문 앞을 세 번씩 지나가도 들어가지 않아서 공자(孔子)가 이들을 매우 훌륭하게 생각하였다. 공자의 제자 안회(顔回)는 어지러운 세상에 누추한 마을에서 물 한 바가지와 밥 한 그릇으로도 살았는데, 공자는 가난한 생활을 이겨내고 도(道)를 즐긴 안회를 칭찬하였다. 맹자는 "하우와 후직과 안회는 같은 뜻을 가졌는데, 하우는 물에 빠진 백성이 있으면 자신이 치수(治水)를 잘못하여 그들을 빠지게 하였다고 여겼으며, 후직은 굶주리는 사람이 있으면 스스로 일을 잘못하여 백성을 굶주리게 하였다고 생각하였다. 하우와 후직과 안회는 처지를 바꾸어도 모두 그렇게 하였을 것"[禹稷顔子易地則皆然]이라 하였다. 맹자는 하우와 후직, 안회의 생활방식을 통해 사람이 살아가야 할 길을 제시했다. 입장을 바꾸어 다른 사람의 처지에서 헤아려 보라는 말이다.

070

술집에는 사나운 개가 없어야 한다!

송나라 사람으로 술을 파는 사람이 있었다. 되도 정확하고 손님 접대도 잘하고 술 맛도 좋고 간판도 높이 세워 홍보에 열을 올려도 술은 팔리지 않고 쉬기 일쑤였다. 하도 이상해서 잘 알고 지내는 친구에게 이 같은 사정을 들려주었더니 그 친구 이렇게 말하는 게 아닌가.

혹시 자네 집의 개가 사나운가?" 술장수가 반문했다. "개가 사나운 것하고, 술이 안 팔리는 것하고 무슨 상관이 있나?" 친구가 "사람들이 개를 무서워하기 때문이지. 개가 사나우면 술을 사러 가거나 마시러 갔을 때, 개가 뛰어나와 물거나 으르렁대면 손님들이 어떻게 자주 가겠나.

노 동 철 학   에 세 이

생각해 보면 나라에도 개가 있다. 뜻있는 사람이 치국治國정책을 품고 군주에게 알리고 싶어 해도 근신近臣들이 사나운 개처럼 물어뜯거나 으르렁 해보라. 그렇게 되면 군주는 귀와 눈이 가려지게 되어 자연 뜻있는 사람을 임용하지 못하게 되고 나라는 결국 썩게 되지 않겠는가.

최근 공무원노사관계가 엉망*이다. 노사 공히 사나운 개들이 지도자 주변에 많기 때문이다. 지도자의 눈과 귀를 가리는 사나운 개들이 존재하는 한 상생은 요원하다. 곧 단체장 선거가 있다. 새로운 지도자가 들어설 예정이다. 합리적 인사들이 지도자 주변에 대거 포진되길 기대해 본다.

* 본 글은 2010년 5월 22일 작성한 글이지만 10월 현재까지도 여전히 관계개선이 되지 않고 있다.

071

모순Irony과 딜레마Dilemma!

죽인 놈한테 살려내라고 하는 것도 우습고, 그렇다고 죽인 놈한테 다시 살려내라고 외치지 않는 것도 우습다.* 모순Irony이다. 아니 딜레마Dilemma다. 딜레마! 아~ 이를 어쩌란 말인가?

최소한의 예禮도 없는 세상**이 되어가고 있다. 자신은 불법을 눈

* 여기서 '죽인 놈'은 정부를 의미하고 '살려내라'고 외치는 쪽은 공무원노조 측을 말한다. 정부에 의해 공무원노조 간부들이 대량 해직된 상황에서, 노조 측은 정부가 하루 빨리 이성을 되찾아 노사관계가 안정되기를 바라고 있다.

** 5·18광주민중항쟁 30주년을 맞이하여 노동계와 시민사회단체에서는 행사준비로 바쁜 나날을 보내는 동안 정부에서는 '님을 위한 행진곡'을 공식행사 순서에서 빼고, '방아타령'으로 대체한다고 발표하면서 갈등이 시작되었다. 때문에 행사의 규모가 대폭 축소될 수밖에 없었다. 한편 MB는 1년 전인 2009년도 5·18행사 때, 망월동 묘역을 찾아 광주영령들에 대한 예를 표했으나, 불과 1년 만에 이를 부정(총리가 참석)하고 나오면서 결국 정부의 행사와 시민사회단체의 행사가 따로 열리는 기현상이 벌어지고 말았다. 참고로 본 글은 2010년 5월 11일 작성된 것임.

하나 깜짝 않고 저지르면서 상대에게는 눈꼽 만큼도 용납을 못하겠단
다. 상식이 통하지 않고 있으니 환장할 일이다. 지나치다. 지나쳐!

자신들이 정한 제도를 자신들이 훼손하는 우를 범한다면 이를 어떻
게 해석해야 하나? 딱 1년 전, 자신들이 찾았던 그 장소를 우리에겐
가지 말란다. 불법이라고. 대체 상식이 있는 정부 맞나?

모순과 딜레마에서 동시에 벗어날 수 있는 해법을 찾아야 한다. 하
루 빨리 이 난국에서 벗어나야 공멸이 아닌 공생할 수 있다. 아무리
생각해도 이건 아니다. 대체 이게 뭐란 말인가!!

I want to get out of this irony and dilemma place as soon as pos-
sible. goddam!!*

---

* 아! 이런 모순과 딜레마 형국에서 빨리 벗어나고 싶다. 제기랄~

072

투쟁현장에 나서지 않는 이유?

 **총파업에 참여하지 않았다!**

상식과 몰상식이란 말이 있다. 보편적 가치에 부합하면 상식이고, 보편적 가치에 위배되면 몰상식이라 한다. 주지하듯 공무원노조는 공직사회의 약자와 사회적 약자를 보호하는 것을 보편적 가치로 삼고 있다. 공무원노조가 진보를 자처하고 있지만 이는 진보와 보수를 논하지 않고도 알 수 있는 내용이다. 상식이냐 몰상식이냐 모두가 조합원의 눈으로 확인할 수 있는 부분이다.

노동운동에 투신한 지 7년째 접어들었다. 하지만 아직 한 번도 상식의 선(조합원 눈높이)을 넘어서 본 일이 없다고 자부하고 있다. 그야말로 노조의 본질적이고 보편적인 가치를 훼손하지 않고 운동을 해오고 있다고 확신하고 있는 것이다. 그런데 어찌된 일인지 필자에 대한 온갖 추측성 이야기와 왜곡된 정보들이 흘러 다닌다는 이야기들이 있어 간단한 해명을 하고자 한다.•

2004년 공무원노조에서 총파업을 전개한 바 있다. 그때 필자는 총파업 전, 지부 운영위원회는 물론 각종 글을 통해 이에 대한 부당성을 제기하면서 총파업을 강행하는 것은 적절하지 않은 일이라 주장하고 참여하지 않은바 있다. 수원시지부의 간부 가운데 유일하게 총파업에 참여하지 않은 것이다. 맞다. 그래서 욕도 많이 먹은 게 사실이다. 비겁하게 징계를 면했다고.

필자도 할 말이 없는 것은 아니다. 분명 지부의 조직적 결정에 의한 불참이었음에도 남자답지 못하다느니, 비겁하다느니 심지어는 노조 간부를 때려 치라는 비난까지 듣는 것은 심히 부당한 일이 아닐 수 없는 일이다. 과정이 아닌 결과중심으로만 잣대를 들이대는 통에 환장할 지경이다. 삶이 과정중심임에도 노동운동하는 부류들은 어찌도 그리 결과중심으로만 사리를 판단하는지 곡할 노릇이다.

여하튼 필자는 6년 전이나 지금이나 한결같이 투쟁(집회)현장에 나서지 않으려 애쓰고(?) 있다. 많은 이들이 인지하고 있겠지만 필자는 투쟁현장에 나서야 할 때마다 늘 "아직 때가 아니다."라는 변명 아닌 변명을 하고 참여하지 않는다. 만일 6년 전의 총파업을 오늘날 또 다시 시도해야 한다면 이전과 똑 같은 방식으로 필자는 거부할 수밖에 없을 것이다. 왜? '아직도 때가 아니기 때문'이다.

투쟁(집회)현장에 나서지 않는 이유!

이유는 다음과 같다. 첫째, 공무원노조는 힘이 부족하기 때문이다. 좋던 싫던 인정해야 한다. 조직력은 물론 투쟁력도 갖춰지지 않은 상태에서 경솔하게 투쟁(집회)현장에 나서는 것은 자멸의 지름길일 뿐이다. 물론 노조 지도부는 항상 힘이 있는 조직처럼 호도하기 바쁘지만. 그러나 현실을 직시해야 한다. "투쟁", "투쟁" 보여주기 위한 투쟁은 효과도 없을 뿐더러 한계가 있을 수밖에 없다.

정직해야 한다. 정직하게 공무원노조의 조직력을 냉철히 살펴보고 주장해야 한다. 미약하기 짝이 없다. 수원시지부의 예를 보자. 투쟁현장에 참여할 조직이 필요로 할 때, 조합원(후원회원 포함) 1,700명 가운데 더도 덜도 말고 10%인 170명 이상을 조직하기 쉽지 않다. 솔직히 돈(출장비 명목) 들이지 않고 조합원의 의식만으로 이러한 숫자를 동원하기란 거의 하늘의 별따기 수준이다.

특히나 온갖 공문을 뿌려대며(노무현 정부완 다르게 진짜로 징계하는 무식한 MB 정부에서) 징계 운운하는 상황에서 이를 무시하며 투쟁(집회)현장에 나선다는 건 결코 쉽지 않은 일이다. 조직력이 이럴진대 투쟁력이 생기기 만무하다. 투쟁은 말로만 외친다고, 성질나는 대로 고집한다고 해서 투쟁력이 담보되는 것이 아니다. 명분과 실리가 일치될 때 생겨나는 것임을 인식해야 한다.

둘째, 1,700 지부의 수장으로서 책임이 있는 자리이기 때문이다.

다시 말하면 사적 감정을 배제하고 오로지 이성적으로 판단하여 이끌어야 하는 자리기 때문이다. 아는 직원은 알겠지만 필자 개인적인 삶의 과정을 통투해 보면, 삶의 전 과정이 투쟁의 연속이었다고 해도 과언이 아닐 정도로 필자는 세상과 투쟁하며 살아왔다. 필자 자신의 문제를 가지고 투쟁하는 것이 결코 아니란 얘기다.

말하자면 조직에 몸을 담고 있는 사람의 입장에서 혹은 지금처럼 조합원의 총 책임을 맡고 있는 입장에서는 더욱 몸을 경솔하게 해서는 안 된다고 보는 것이다. 현재로선 아쉽게도 이것이 조직의 안녕을 유지하는 비결이라 판단하기 때문에 신중하고 또 신중한 것이다. 물론 지금은 때가 아니지만 '때가 되면 투쟁하지 말라고 밥 싸가며 말려도 필자는 투쟁현장(집회)에 나설 그런 사람'이다.

노조는 실력을 쌓아야!

공무원노조 특히 수원시지부는 힘이 부족하기 때문에 힘을 길러야 할 때라 필자는 생각한다. 필자 개인 이야기를 통해 잠시 설명을 하고자 한다. 적지 않은 직원들이 아는 이야기겠지만 필자는 중고등학교 과정을 검정고시로 마치고 대학과 대학원에서 철학과 정치학을 공부하고 지금은 학우들과 줄탁동시하며 살아가고 있다. 철학과 정치학을 공부(독학 포함)한지 따져 보니 어언 20여 년이 넘는 것 같다.

늦은 나이에 공부를 시작한 관계로 참으로 뼈저리게 슬픈 일이 많았지만 잘 견뎌냈고, 지금도 묵묵히 견뎌내며 지내고 있다. 틈만 나면 지금도 공부에 매진하곤 하지만 대학에 계시는 선배교수들이나 동료

학자들과 종종 학문에 관해 논의를 할 땐 필자가 얼마나 졸렬拙劣한 학자인지를 인식하게 된다. 특히 평생을 철학에 몰두하고 계시는 노교수들을 접할 경우엔 저절로 쪼그라들고 만다.

바쁜 시간에 이처럼 개인사에 대해 장황한 예를 드는 것은 투쟁현장에 나서는 게 얼마나 힘든 과정인지에 대한 설명을 하고자 함이다. 본격적으로 예를 들어보면 가령 철학에 대한 대회 즉 '한국철학자대회' 혹은 '세계철학자대회'가 있다고 하자. 온갖 철학의 대가들이 모여 대회를 주도하기 마련인데, 참여하는 학자들의 실력들을 보면 가히 학계의 고수는 다 모인다 해도 과언이 아닐 정도다.

쉽게 얘기하면 어중이떠중이 같은 학자들은 감히 명함도 내밀지 못한다는 얘기다. 철학자 대회에 참여하는 분들의 학식을 보면 짧게는 10년, 길게는 40~50년 씩 공부한 분들이 다수 참여한다. 성인이나 현인을 보고 나서 범인凡人들이 배운다고 한다. 실력자를 봐야 자신의 위치를 파악할 수 있는 것은 예나 지금이나 같다. 투쟁현장에 머릿수만 가득 채운다고 사업이 완수될 수 없다는 얘기다.

공직자들에게 관심이 많은 어학을 예로 들어보자. 영어로 하자. "전국영어경연대회"가 있다고 하면, 참여하는 분들의 구성분포를 보면 짧게는 수년에서 길게는 수십 년 씩 공부한 분들이 참여한다. 숨은 실력자들이 즐비하기 때문에 어지간한 실력자가 아니면 참여하는데 주저한다. 다들 알 것이다. 영어공부를 빨리 완성하겠다고 성질이나 내고 소리를 질러댄다고 실력이 향상되지 않는다는 것을.

노조는 더욱 실력을 쌓아야!

실력이 없으면 조용히 아주 조용히 오랜 시간 동안 계획에 따라 차근차근 인내하며 실력을 쌓아가야 한다. 한 발 한 발 오르다 보면 마침내 실력자가 되는 것이다. 실력자가 되었다고 하더라도 함부로 경연대회에 나서지 못하는 게 우리네 정서인데 하물며 실력도 없는 사람들은 어떻게 해야 하겠는가. "참여할 때가 아니다."라는 마음을 가지고 묵묵히 실력을 쌓을 수밖에 없는 것이다.

솔직해져야 한다. 실력이 있어도 함부로 경연대회에 참여하지 못하는 게 우리네 정서이고 실체인데, 실력도 없으면서 호기를 부려 경연대회에 나선다면 어떻겠는가. 결과는 뻔하다. 개망신 당하기 딱 좋다. 사실 경연대회에 호기를 부려 나섰다가 개망신 당하는 것은 일시적인 안위에 해가 될 뿐이지만, 힘도 없는 공무원노조가 정부를 상대로 무작정 투쟁하다 희생자가 속출하면 어떻게 되겠는가.

그 피해는 고스란히 선량한 다수의 조합원들에게 돌아간다는 점에서 심사숙고 하지 않을 수 없는 것이다. 힘도 없으면서 오로지 당위성 하나만 가지고 앞뒤 가리지 않고 덤비는 행위는 올바른 운동가의 자세가 아니다. 힘을 갖추기까지의 시간이 필요하다. 5년 아니면 10년, 10년도 부족하면 20년 장기 플랜을 세우고 차분하게 추진해야 우리의 뜻을 관철시킬 수 있는 것이다.

공무원노조의 한결같은 "투쟁", "투쟁" 좋다! 우리의 권리를 위한다는 그 당위성에 적극 동의할 수 있다. 그러나 그 투쟁에 나서는 방법에 대해서는 모두가 고민하고 중지를 모아 집행해야 한다. 실력도 없고, 조직력도 부실한 상황에서 그저 감정적으로 투쟁현장에 나서는 것은 지도자들의 자세가 아닌 것이다. 투쟁은 승리를 전제로 해야 한다. 이를 위해서는 철저한 준비가 필요하다.

준비는 하루아침에 될 일도 있겠지만 어떤 투쟁은 1년을 준비해도 모자란 것이 많다. 이 뿐인가. 적어도 10년은 준비하여 나서야 하는 경우도 있다. '다 때가 있다'는 것은 계획과 준비를 철저히 마친 이후에 빈틈없이 추진할 때, 결과물을 쟁취할 수 있는 것이다. 감정이 아닌 이성으로 철저히 무장하지 않고, 오로지 '투쟁'만 부르짖는 것은 지도자들이 취할 수 있는 자세가 아닌 것이다.

중앙의 조직적 결정에 지부는 무조건 따라야 한다?

실력을 갖춰야 한다. 실력도 없이 '투쟁'만 외치는 것은 공염불에 가깝다. 위에서도 거론했지만 수원지부의 경우, 조합원만 전국에서 수위권이지 실제 투쟁현장에 나설 수 있는 조직은 미약하기 그지없다. 거의 모든 조합원들이 공감할 것이다. 노조 지도부에서 투쟁현장에 참여해야 하는 당위성에 대해 설명하면, 동의를 하면서도 내가 아닌 타 조합원들이 나서주기를 바라는 게 우리의 정서다.

수원시지부의 간부들조차 이런 풍토와 무관하지 않다. 하물며 일반 조합원들의 의식은 어떻겠나. 조합원 가입사업도 그렇지만 간부 한 사람을 육성하기란 그래서 더욱 어렵다. 간부를 세웠다 하더라도 노동운동에 대한 전반적인 상황을 이해하고 투쟁현장에 참여시키려면 적어도 수년은 족히 지나야 확신할 수 있다. 사정이 이러한데 이를 간과하

  노동철학 에세이

여 투쟁현장에 함부로 나서는 것은 자멸의 지름길이다.

예로부터 전쟁(투쟁)은 민중이 아닌 몇몇 지도자들의 욕심으로 인해 시작된다고 했다. 전쟁에 관한 역사를 보면 너무도 훤히 드러난다. 전쟁을 통해 민중들이 얻을 건 별로 없지만 잃을 건 무수히 많기 때문에 민중들은 전쟁(투쟁)을 싫어했던 것이다. 모두가 지도자와 지식인들의 욕심으로 비롯되는 것이다. 오죽하면 지식인을 부정하는 일까지 생겼겠나. 이름에 얽매여 투쟁을 일삼게 된다고.

종종 언론에 보도가 되곤 하지만, 상급단체의 조직적 결정이라 해서 소속 지부의 사정과 특성을 고려하지 않고 파업현장에 조합원을 참여케 하는 것은 바람직한 현상이 아니다. 예컨대 최근 현대차의 상급단체인 금속노조에서 총파업을 결정했지만 현대자동차 지부에선 동참하지 않기로 한 것과 같이 우리는 중앙의 조직적 결정이라도 지부의 특성과 사정에 맞게 결정하는 것이 옳다고 본다.

또한 공무원노조의 상급단체인 민주노총에서 총파업결정을 해도 공무원노조의 사정과 특성에 따라 참여를 결정하듯 우리 지부도 중앙의 결정을 무조건 따라야 한다는 주장은 옳지 않다. 똥인지 된장인지 구분도 못하고 저돌적으로 덤비는 행위는 지양되어야 한다. 특히나 성질난다고 성질대로 할 수 있는 게 있고, 할 수 없는 게 있다. 투쟁사업을 감정적으로 진행해서야 되겠는가.

투쟁은 때와 명분과 실리가 공존해야!

추운 겨울엔 누가 가르쳐 주지 않아도 그에 맞는 옷을 입는다. 역시 여름엔 그 계절에 맞는 옷을 입는다. 추운 겨울에 여름옷을 입으면 얼어 죽기 쉽고, 더운 여름에 겨울옷을 입으면 더워 죽기 좋다. 모두가 때에 맞춰야 살아갈 수 있는 법이다. 옷 하나 입는 것도 이럴진대, 우리에게 투쟁은 어떻겠는가. 때가 아니면 피해야 하고, 때가 아니면 기다릴 줄 아는 지혜도 필요한 것이다.

그래선지 항간에선 이런 주장도 한다. 거지나 노숙자처럼 사시사철을 통투할 수 있는 옷을 입으면 된다고. 일반적인 부류는 때때로 옷을 맞춰 입기 때문에 해도 따르지만 노숙자와 같은 부류는 철을 가리지 않기 때문에 얼어 죽거나 더워죽을 일이 별로 없다는 논리다. 마찬가지로 노동운동을 하는 사람들도 언제 어디서나 투쟁현장에 나설 수 있는 만반의 준비가 돼 있어야 한다는 얘기다.

그러나 조합원을 투쟁현장에 참여시키는 행위는 가장 마지막에 해야 한다고 본다. 그만한 명분과 참여하여 얻어낼 충분한 가치가 있을 때 참여시켜야 한다. 영어공부 하나 하는 것도 쉽지 않은데, 노동운동 특히 투쟁(집회)현장에 나서는 일이야 오죽하겠는가. 상대를 아는 것도 중요하지만 더욱 중요한 것은 자신을 아는 것이다. 먼저 우리의 입장과 처지가 어떤지 제대로 파악하는 것이 선결과제다.

솔직히 일반 직원 자격으로 경솔하게 굴다가 희생당하면 그 뿐일 수 있다. 그러나 조직을 책임지고 있는 입장에 있는 사람이 함부로 나섰다가 선량한 다수의 조합원이 희생당하면 사정은 달라진다. 바로 '역사의 죄인'이 될 수 있기 때문이다. 신중하면서 실력을 쌓아야 하는 이유가 바로 여기에 있는 것이다. '싸워서 이기는 것이 최선이 아닌, 싸우지 않고 이기는 것이 최선'인 것이다.

누차 강조하지만 실력을 갖춰야 한다. 실력 없이는 무시를 당하게 되어 있다. 진실로 실력을 쌓아야 한다. 실력이 충천되면 투쟁(집회) 현장에 직접 나서지 않아도 상대가 저절로 우리의 주장을 받아들인다. 그런 상황을 만들어야 진정한 승리자가 되는 것이다. 큰소리치면서 섶을 지고 불 속을 뛰어들며 용기 운운 하는 것은 무지의 극치지, 진정한 용기가 아님을 확실히 인식해야 한다.

073

아! 어리석기도 쉽지 않도다!

 정판교의 난득호도!

'난득호도難得糊塗'에 대한 설이 분분하지만 다음과 같은 이야기가 있다. 정판교가 산동에 부임하고 나서 하루는 내주萊州의 거봉산去峰山으로 유람을 갔다. 원래는 산에 있는 정문공비鄭文公碑를 감상할 예정이었는데, 시간이 늦어 산중에 있는 모옥茅屋(일종의 초가집)에 머물게 되었다. 모옥의 주인은 유학자같은 노인이었는데 스스로를 '호도노인糊塗老人'이라고 칭했다.

노인의 집안엔 탁자정도의 큰 벼루를 하나 진열하고 있었는데, 조각이 매우 뛰어났다. 정판교는 벼루의 정교함에 감탄을 금치 못했다. 다

노동철학 에세이

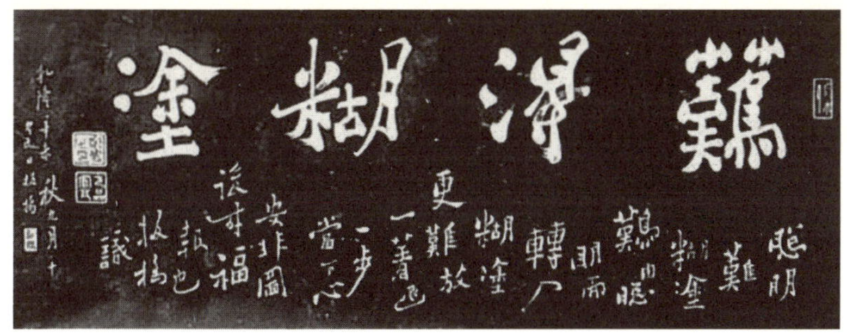

난득호도難得糊塗 정판교가 남긴 유묵으로 어리석은 척 하기는 어렵다는 뜻이다.

음 날 아침, 노인은 정판교에게 벼루의 뒤에 써넣을 글을 하나 부탁했다. 정판교는 흥이 일어 '난득호도'라는 네 글자를 써주었다. 그리고 아래에 '강희수재, 옹정거인, 건륭진사康熙秀才 雍正擧人 乾隆進士•'라고 새긴 도장을 찍었다.

벼루가 컸으므로 아직 여백이 있었다. 그래서 정판교는 주인노인에게 발어跋語를 써넣도록 부탁했다. 그러자 노인은 붓을 들어 이렇게 썼다. "아름다운 돌을 얻는 것은 어렵고, 단단한 돌을 얻는 것은 더욱 어렵다. 아름다운 돌이 단단한 돌로 바뀌기는 더욱 어렵다. 아름다움은 가운데 있고, 단단함은 바깥에 있으니, 야인의 초가집에 숨어있고, 부귀한 집 문은 넘어서질 않는다."••

그리고 그도 도장을 하나 찍었다. 원시제일 향시제이 전시제삼院試第一 鄕試第二 殿試第三. '원시에는 일등, 향시에는 이등, 전시에는 삼등 즉 이

• 청나라때 과거는 현·성·중앙정부의 삼단계인데, 현을 통과하면 수재, 성을 통과하면 거인, 중앙에 합격하면 진사였음. 정판교는 강희제때 수재가 되고, 옹정제때 거인이 되고, 건륭제때 진사가 되어 스스로 그렇게 새겼음.

•• 得美石難 得頑石尤難 由美石轉入頑石更難 美於中 頑於外 藏野人之廬 不入富貴門也.

노인은 세 단계 과거에서 각각 1, 2, 3등을 했다'고 새긴 것이다. 정판교는 이를 보고 깜짝 놀랐다. 이 노인이 지금은 은거한 고위관료라는 것을 알았기 때문이다. 정판교는 '호도노인'이라는 이름에서 깨달은 바 크지 않을 수 없었다.

특히 '호도노인' 만남 이후, 벼루의 정교함과 그와의 대화에서 뿜어져 나오는 내공의 실력에 감탄한 그는 짧은 시간이지만 궁리 끝에 위에 보이는 '난득호도' 아래의 여백에 다음과 같이 적었다. "총명하기도 어렵고, 어리석기도 어렵다. 총명한 사람이 어리석게 되기는 더욱 어렵다. 집착을 놔버리고, 한 걸음 물러서 마음을 놓아버리면 편안하다. 후에 복을 받고자 함이 아니다."•

노동운동의 난득호도!

노동운동을 시작한지 7년, 환경은 나아질 기미가 없다.•• 어떤 정권이든 공무원노조에 대한 시각은 곱지 않다. 때문인지 한 편에선 장렬히 싸우다 전사할지언정 불의를 보고 참는 것은 어리석은 짓이라며 투쟁으로 일관할 것을 주장하고 있고, 한 편에선 조직의 안정을 위해 유연한 입장을 고수해야 한다고 주장한다. 양비론자들의 입장에서 보면 물 만난 고기처럼 호들갑을 떨 만한 때다.

다시 말하면 공무원노조와 정부 양자는 지금 명분을 가지고 전쟁 중에 있다. 정부는 전례를 찾아보기 힘든 그야말로 말도 못하게 무식한

• 聰明難 糊塗難 由聰明而轉入糊塗更難 放一著 退一步 當下心安 非圖後來福報也.
•• 본 글은 2010년 4월 23일 작성한 것임.

 노동철학 에세이

방법을 다 동원하여 노조를 탄압하고 있고, 노조는 노조대로 존립을 위해 역시 무식한 방법으로 정부에 대항하고 있다. 노사상생이 아닌 철저히 '너 죽고 나 살기' 식으로 일관하고 있는 것이다. 오로지 명분만을 가지고 전쟁 중에 있으니, 이를 어쩌랴!

　명분은 사실 그에 따른 실리가 동반되어야 힘이 실리는 법이다. 명분없는 실리 추구야 욕먹기 딱 좋지만 실리없는 명분 또한 허위와 가식일 뿐이라는 점에서 비판을 면키 어렵다. 그런 점에서 노사는 명분만을 고수하기 보다는 상호 한 발씩 물러나야 한다. 국민과 시민을 위해 존립한다는 대의를 지닌 만큼, 서로 한 발씩 양보해야 한다. 노사의 지향점이 같지 않은가. 아! 어리석기도 힘들도다.

074

공무원노조는 정치적 중립과 지도력을 회복해야!

초지일관 무대포식 대응!

지금 지부는 조합원과 전쟁 중이다.[*] 탈퇴하는 조합원이 심심치 않게 나오기 때문이다. 노조를 탈퇴하려는 이유를 물어보면 이제 싸우는 것도 신물이 난단다. 얼마 전까지 간부를 했던 이들도 예외는 아니다. 지부에서는 존립을 위해 직원 한 사람이라도 더 붙잡기 위해 온갖 치사하고 졸렬한 방법도 불사한다. 고육지책[**]의 일환이지만 조직을 유

[*] 본 글은 2010년 4월 13일 작성한 것임.

[**] 고육지책(苦肉之策) : 자신의 몸을 상해가면서까지 꾸며내는 방책이라는 뜻으로, 일반적으로 어려운 상태에서 벗어나기 위한 수단으로 어쩔 수 없이 하는 계책을 말하며 고육지계(苦肉知計)라고도 한다.

　　　　　　　　　　　　　　　　　　　　노동철학 에세이

지하려면 이 정도는 약과다. 하지만 조직사업이 예전만 같지 않다. 노조의 논리가 먹히지 않는다. 조짐이 이상하다. 그래서 혼란하다.

이런 이때 중앙의 일부 간부들은 지부의 사정을 아는지 모르는지 전혀 관심이 없어 보인다. 기가 막힌다. 초지일관 무대포식 행태를 마구 해대는 부류가 존재하다니. 예로부터 "쉬워야 주장하기 쉽고, 쉽게 알 수 있어야 따르기 쉽다."고 했는데, 도대체가 상식을 초월하는 행태들을 마구 펼쳐대니 환장할 노릇이다. 말로는 "조합원을 중심으로", "조합원의 이해와 요구"를 위한다는 기치와 구호를 끊임없이 외쳐대면서도 하루아침에 손바닥 뒤집듯 말을 바꾸는 간부도 즐비하다.

공직자면 누구나 조합원이고 후원회원이 될 수 있음에도, 오로지 이분법적인 잣대와 흑백논리로 주관하니 환장할 일이다. 대체 조합원 없이 뭘 주장할 것이며, 무엇을 할 수 있단 말인가. 특히 노사가 화합하는 모습을 보이는 지부엔 어용이라 비난하고, 노사가 갈등하는 지부에 대해선 사측의 탄압이 하늘을 찌른다는 양비론적 태도를 취하니 누가 쉽게 지도부에 동의하겠는가. 단언컨대 이러한 이분법적이고 흑백논리의 태도를 배제하지 않는 한 공무원노조의 희망은 없다.

노조는 정치적 중립과 상생할 수 있는 대안을 마련해야!

과거 한국노총은 제18대 국회의원 총선거를 맞이하여 한나라당과 정책연대를 선언, 현재 제도권에 상당수가 참여하여 활동을 하고 있다. 최근 한국노총 부산본부는 지방선거를 맞이하여 한나라당의 부산시장 후보를 지지한다고 공식 천명한 바 있다. 때가 때인 만큼 공무원노조도 유력 정당에 문제 있는 인사가 공천되어선 아니 될 이른바 살생부 명단을 송부한 것으로 전해진다. 망둥이가 뛰면 꼴뚜기도 뛴다고 했던가. 최근 우리의 지도부를 보면 그리 틀린 말이 아닌 듯싶다.

일반노조와 공무원노조의 특수성을 고려하지 않고 날뛰니 될 일이 뭐가 있겠는가. 특히 일부 지각없는 해직자들의 행태를 보고 있노라면 화를 참기 힘들다. 중앙선거관리위원회의 자세를 본받을 만하다. 현재 대다수가 노조에서 탈퇴한 상황이지만 이번 지방선거를 잘 마무리하고, 재건할 것이라는 소식이다. 선관위의 조직결속력이 만만치 않았지만 순식간에 무너진 것처럼 공무원노조의 특수성을 결코 무시해선 안 된다는 점을 일깨워준 대표적 사례다. 타산지석으로 삼아야 한다.

여하튼 지금 공무원노조는 안팎으로 혼란한 형국이다. 상대의 약점을 가지고 문제를 삼기보다는 먼저 상대를 존중하면서 우리의 정체성을 확립하는 일이 더욱 시급하다. 노사가 진정으로 상생할 수 있는 대안을 마련해야 하다. 인과관계를 일정부분 인정하면서도 끊임없이 이분법적인 논리로 지속하는 것은 올바른 해법이 아니다. 정부니 사측이니 기관측이니 지칭하며 끊임없이 적으로 간주하는 것은 적절하지 않다. 내·외부에서 지지를 받을 수 있는 대안을 속히 마련해야 한다.

지도자의 이름에 걸맞는 행위를 해야!

공직자는 예로부터 군자라 했다. 군자는 군자다운 행위를 해야 한다. 쉽게 얘기해서 소인이 소인배 짓을 하면 사람들은 비난을 하지 않는다. 소인배이기 때문이다. 그러나 군자라는 타이틀을 지닌 이가 소

노동철학 에세이

인배 짓을 하면 비난받기 쉽다. 때문에 대통령은 대통령다워야 하고, 고위관료는 고위관료다워야 하며, 선생은 선생다워야 하는 것이다. 대통령이 장관수준의 행위를, 장관이 사무관 수준, 선생이 학생수준의 행위를 일삼아 보라. 비난을 면할 길이 없는 것은 말할 것도 없다.

이름이란 실상을 규정한 것이다. 그럼 이름이 바르지 못하면 어떻겠는가. 말하는 사이 말이 순조롭지 못하게 된다. 말이 순조롭지 못하면 사업을 할 수가 없을 테고, 사업을 할 수 없으면 모든 것이 어긋나 다투기 쉬워진다. 한 번 두 번 다투게 되면 화합은 물 건너가고 법리를 가지고 다투게 마련이다. 법리를 가지고 다투어 보라. 형벌을 면할 길이 없어진다. 하찮은 일이라도 형벌을 들먹이게 되면 손발 둘 곳을 찾게 되고 이쯤 되면 노조고 뭐고 될 일이 없는 것은 불문가지다.

지도자의 이름을 회복할 때다. 무식하면 약이 없다고 하지 않던가. 이름은 분명 지도자인데 행실은 소인배의 그것과 흡사해선 곤란하다. 곤란이 지속되면 죽는다. 지금이라도 이름에 걸맞는 행위를 해야 한다. '지금 바로 여기'에서 과연 공무원노조의 미래를 위한 구제책이 무엇인지 냉철히 인식하여 과감하게 내놓아야 한다. 어쩔 수 없다는 식의 구차한 변명 따위는 필요 없다. 일부 참모들 핑계를 대며 시간을 벌려하면 모든 것을 잃을 수 있다는 것을 명심해야 한다.

075

공무원노조와 정부의 대결을 어떻게 볼 것인가?

말도 못하게 무식하게 나오는 정부!

우여곡절 끝에 전국공무원노동조합(전공노)이 서울대학교 노천극장에서 출범*했다. 애초 노조는 서울시 강서구에 위치한 88체육관에서 출범식을 가질 예정이었으나 정부의 88체육관에 대관을 취소하라는 압력이 거세 결국 전공노는 장소를 서울대학교 노천극장으로 옮겨 출범식을 강행했다. 정부는 전공노에 대해 불법단체로 규정하여 참여자를 확인하여 모두 징계를 줄 방침이라고 공언하고 있다.

* 본 글은 2010년 3월 21일 작성한 것임.

노 동 철 학   에 세 이

참 웃기는 일 아닌가. 이런 저런 것을 고려하여 공무원노조에서는 근무시간이 아닌 토요일 오후에 출범식을 치르고자 했음에도 정부에서는 "엄중문책" 운운하고 실제로 온갖 유무형의 압력을 넣어 출범식을 봉쇄한 것은 비난받아 마땅하다. 수준 이하의 이 같은 행태는 누구에게도 도움이 되지 않는다. 헌법에도 보장된 결사의 자유나 단결권조차도 모두 부정당하는 꼴이니 그저 웃음만 나올 수밖에.

지금이 어떤 시대인가. 대통령부터 자치단체의 말단 직원들까지 언필칭 세계화Globalization를 부르짖는 그런 시대가 아니던가? 그럼에도 어떻게 행동들은 그리도 과거 회귀적인지 도무지 알 수가 없다. 공직자들을 과거처럼 권력의 시녀로 만들 요량이란 말인가. 그렇진 않은 모양이다. 18일 '공무원노조 광역연맹 출범'과 관련한 정부의 대응태도를 보면 그렇다. 여전히 이중적인 잣대가 문제이긴 하지만.

미친개에겐 몽둥이가 약, 없다면 피해야!

예로부터 미친개에겐 몽둥이가 약이라 했다. 그러나 지금 몽둥이가 없으니 환장할 일이다. 주변에 몽둥이가 될 만한 것이 없으니 만들어 쓸 수밖에 없다. 몽둥이 만들 시간이 필요하다. 그리고 당장 미친개에게 물리지 않으려면 어떻게해야 하겠는가. 피하는 게 상책일 수밖에 없다. 미친개에게 물려 하소연 해봐야 누가 위로나 해 주겠나. 비웃음이나 당하지 않으면 다행이지. 절치부심切齒腐心하며 암중모색暗中摸索●할

• 절치부심(切齒腐心)은 몹시 분하여 이를 갈며 속을 썩임을 뜻하고, 암중모색(暗中摸索)은 어둠 속에서 손으로 더듬어 찾는다는 말로 어림짐작으로 추측한다는 의미다.

때다.

항간(강경파)에선 공무원노조의 대응 태도가 탄압을 자초한 면을 부각하면서 민주노조를 사수하기 위해 지도부가 희생을 각오하고 싸워야 한다는 주장을 펴는 이들이 없지 않지만 이는 조직을 완전히 말살할 수 있다는 점에서 바람직하지 않다. 越월의 구천句踐(?~BC 465)이 吳오의 부차夫差(?~BC 473)를 쓰러뜨리기 위해 그 긴 세월동안 온갖 굴욕과 굴종을 마다하지 않고 후일을 도모하여 마침내 승리한 그런 지혜가 필요하다.

많은 이들이 알고 있겠지만 싸워서 이기는 방법을 연구한 이론들 가운데 '오사칠계五事七計'라는 말이 있다. 즉 5가지 원칙과 7가지 비교라는 말이다. 여기서 오사에 의거 살펴보면, 과연 이번 싸움에서 16만 조합원의 일정한 합의〔道〕는 존재하는지. 공무원노조가 정부와 싸우는 데 주변 환경〔天地〕은 괜찮은지. 16만 대군을 이끌 지도자의 능력〔將〕과 조직 운영능력〔法〕은 있는지를 냉철히 파악해야 한다.

사마천의 대용大勇!

상황이 좋지 않으면 피하라 했다. 그리고 때를 기다리라 했다. 피하는 것은 진 것이 아니다. 승리를 위해 준비하는 것이다. 이 원리를 실천한 사람이 사마천과 등소평이다. 세계 유수의 지도자들이 이 원리를 이용하고 있지만, 사마천은 역사가로서 등소평은 정치가로 위대한 사업을 펼침으로서 미래의 세대들에게 삶의 좌표를 제시하고 있다. 우리는 지금 이 두 사람의 지혜를 반면교사로 삼지 않겠는가.

 　　　　　　　　　　　　　　　　　　　노동철학 에세이

사마천은 아버지인 사마담이 조정에서 정치적 시련을 맞아 밀려나면서 자신에게 태사가 될 것을 유언하고 죽자, 사마천은 부친의 유지를 받드는 과정에서 이릉李陵이라는 장수를 변호하다 역적으로 몰려 자신도 탄핵을 당했다. 그는 가문의 명예를 위해 삶을 과감히 포기할 것인지, 거세형을 통해 목숨을 부지할 것인지를 두고 고민하고 또 고민했다. 결국 거세형을 통해 부친의 유언을 따르기로 했다.

그 뒤로 그는 3천 년의 역사를 정리한다는 소명의식을 가지고 역사 편찬 작업에 들어갔다. 마침내 그 위대한 『사기史記』를 완성한다. 그의 과감한 결단과 피눈물 나는 연구 덕분에 동양은 빛나는 문화를 구축할 수 있었다. 만일 사마천이 자신의 명예만을 생각했었더라면 어떠했겠는가. 이로 볼 때, 세상은 소용小勇(일시적 용기)보다 대용大勇(장기적 안목의 용기)이 주도한다는 사실을 알 수 있다.

등소평의 대용大勇!

등소평은 오랫동안 모택동의 동지였다. 그러나 어느 날 동지가 적이 되어 버렸다. 반 모택동 정서주도와 기회주의자로 몰려 철도노동자로 일하거나 때론 트랙터를 운전하는 노동자로 일하기도 했다. 스스로 피해 있을 때임을 알고 선택한 것이다. 만일 이때 제대로 한 번 붙어보자며 모택동에게 대결을 청했더라면 어떠했겠는가. 개인적 명예는 분명 뚜렷하게 얻었을지언정 오늘날의 중국은 없었을 것이다.

등소평은 철도노동자로 때로는 트랙터 노동자로 지내면서 그곳에서 끊임없이 개혁과 개방을 위한 정책을 구상했다. 여러 번의 고비를 거쳐 모택동이 죽고 난 이후, 그는 복귀와 함께 실질적인 권력을 잡아나갔다. 그리고 노동자 생활을 하면서 품었던 실용주의 노선의 개혁개방을 위한 정책을 유감없이 펼쳐나갔다. 죽竹의 장막이 열리자, 중국은 그야말로 파죽지세破竹之勢*로 세상의 중심이 되어가고 있다.

명예롭게 죽는 것은 쉬운 일이다. 정면에서 투쟁을 하다 죽는 일은 어려운 일이 아니다. 가장 쉬운 일 중의 하나다. 그러나 치욕을 견디면서 미래를 준비하는 과정은 간단하지 않다. 소용小勇이 아닌 대용大勇을 가져야 한다. 작은 용기를 부각하는 짓은 정면에서 싸우다 쉽게 전사하자는 것에 다름 아니다. 너도 살고 나도 살 수 있는 상생의 용기 즉 모두가 함께 살 수 있는 그런 용기를 펼칠 때다.

• 파죽지세(破竹之勢) : 대나무를 쪼갤 때의 맹렬한 기세라는 뜻으로, 세력이 강대해 감히 대적할 상대가 없음을 비유함.

076

공직자의 부정부패를 어떻게 할 것인가?

 선행보다 악행을 하는 이유!

평소 선행善行을 잘 하는 사람은 선행을 일삼는다. 정신적으로 풍요로움을 가져다준다고 믿기 때문이다. 반면 악행惡行(두 번째 마음 즉 불선을 의미)은 물질적인 풍요를 가져다주기 때문에 불선不善을 계속해서 일삼기 쉽다고 한다. 요즘 세상이 물질을 중시하는 사회가 되다 보니 악행을 저지르는 경향이 강한 것을 이해 못할 일도 아니지만 변화를 도모할 때다.

주지하듯 정신을 담당하는 머리는 위에 있고, 물질을 담당하는 발은 아래에 위치•하고 있다. 그래서 머리는 정적靜的인 정서로 보다 본질적인 정서로 이루어져 있는 반면, 발은 끊임없이 움직임을 가지려는 동적動的인 정서로 가장 아래에 배치되어 있다. 사회의 구조를 설명할 때 상부구조(철학, 정치 등)니 하부구조(경제, 경영 등)니 하는 것들이 여기서 비롯된다.

하학下學에서 상달上達로!

하학이상달下學而上達이라는 이야기가 있다. 아래에서 배우고 익혀 위로 점차 올라 통달한다는 말이다. 군자답게 살아야 한다는 말이다. 아무 것도 모르던 어린 아이로부터 시작하여 성인이 되면서 알게 모르게 우리는 학습을 통해 성장한다. 작용과 반작용 사이에서 무던히도 갈등하며 살아가지만 무질서보다는 질서를 중시한다는 점에서 혁신과 개혁이 요구되고 있다.

그러나 무엇이 옳고 무엇이 그르니 고치자고 아무리 주장해 봐야 씨알이 먹히지 않는 세상이기도 하다. 왕도를 행하는 자가 세상에 나와 실천해도 보통 한 세대 즉 30년이 걸린다고 했는데, 하물며 일반인들의 정서와 패권적인 정서를 지니고 있는 우리네 정서에서 과연 무슨 설득력을 얻겠는가. 한 마디로 개가 풀 뜯어먹는 소리로 들릴 수밖에 없는 일이지. 쉽지 않다.

• "군자는 위로 통달하고, 소인은 아래로 통달한다(君子上達小人下達)"고 했다. 군자는 학문과 도를 좋아하여 날이 갈수록 인격이 완성되어 가지만, 재물에만 눈이 어두운 소인은 날이 갈수록 인간성이 허물어지고 타락할 뿐이라는 말이다. 따라서 군자는 점점 고상해지고, 소인은 점점 천박해진다는 말이기도 하다.

 　　　　　　　　　　　　　　　　　　　　노 동 철 학 에 세 이

차분하게 패러다임을 전환해야!!

한방韓方에서는 졸지에 생긴 병의 경우 침이나 뜸을 이용하는 것이 보편적이지만, 숙환의 경우는 침이나 뜸보다는 주로 약을 이용하여 치료한다고 한다. 기본적으로 군신좌사君臣佐使*의 처방논리를 통하는 것이겠지만 관련학계에서는 이 방식을 가지고 사회의 병리를 해소하는 데 도움이 될 수 있다고 하여 오래 전부터 연구에 이용되고 있다. 몸을 하나의 우주로 보기 때문이다.

예컨대 5년 정도의 병력이 있을 경우, 적어도 그 병을 다스리기 위해선 5년 정도의 치유를 위해 애써야 완쾌가 된다는 말이다. 말하자면 갑자기 생긴 병은 일시에 치유가 가능 하지만, 오랜 세월에 걸쳐 키워진 병은 그 만큼의 세월을 투자해야 완치가 가능하다는 논리다. 성질 급한 우리네 정서에서 거리가 없지 않지만 이러한 원리를 도입해 볼만한 일이다.

어느 쪽으로 지향할 것인가?

* 한의학에서 다수의 약물을 배합하여 하나의 처방을 구성할 때에는 일반적으로 군신좌사의 원칙에 의한다. 여기서 군은 군약(君藥)을 뜻하는 것으로, 하나의 처방에서 가장 주된 작용을 하는 약물로 대표적인 증상에 적합하고, 신약(臣藥)은 주(主) 작용 약물인 군약의 효력을 보조해주고 강화시키는 약물이다. 좌약(佐藥)은 군약이 유독(有毒)한 경우 그 독성을 완화해줄 때, 혹은 주된 증상에 수반되는 증상들을 해소할 목적으로 사용하는 약이다. 사약(使藥)은 처방의 작용 부위를 질병 부위로 인도하는 작용과 여러 약들을 중화하는 역할을 한다. 이것을 한의학에서 방제학이라 한다. 옛날의 정치제도에 견주어 약을 처방한 데서 생겼다. 사람의 병을 다스리는 것은 치병(治病)이고, 나라를 다스리는 것은 치국(治國)이다. 나라를 다스리는 데 대통령이 있고 각부 장관이 있고 공무원이 있다. 어느 병에는 대통령이 나서야 하고, 어느 병에는 장관이 나서야 하고, 어느 병에는 일선 공무원이 나서야 병이 다스려지는 것이다. 사람의 병을 다스리는 처방도 이와 같은 원리로 병의 원인과 증상을 알아야 확실한 처방을 내릴 수 있다는 데서 비롯되었다.

선행을 끊임없이 지향해야!

선행을 한다고 하여 곧 바로 복福이 이르진 않지만, 화禍는 저절로 멀어지고, 악행을 한다고 하여 곧 바로 화禍가 이르지는 않지만 복福은 저절로 멀어진다는 이야기가 있다. 하늘은 빽빽한 그물망으로 이루어져 있어 빠져나갈 수 없다는 이야기도 있다. 우리의 소장구조(미세융모, microvillus)를 보라. 약초와 독초 등을 정확히 인식 반응한다. 절제하는 미덕이 필요하다.

염소는 약초가 아니면 먹지 않는다고 한다. 약초와 독초를 구별하는 능력을 언제부터 갖춰졌는지는 알 수 없지만 염소가 먹는 풀은 사람에게도 약이 되고, 먹지 않는 풀은 사람에게도 독이 된다고 한다. 어떻든 염소건 사람이건 먹어야 할 것과 먹지 말아야 할 것을 구분해야 한다는 이야기다. 하찮은 염소 따위도 풀을 가려 먹거늘, 만물의 영장인 사람이 염소만 못해서야 되겠는가.

수준 높은 공직자가 될 것인가, 수준 낮은 공직자가 될 것인가?

옛말에 수준 높은 정원사는 주로 쓸모 있는 나무인 가래나무나 오동나무 따위를 기른다고 하고, 수준 낮은 정원사는 쓸모가 비교적 적은 가시나무와 같은 나무를 기른다고 한다. 같은 나무 종류를 길러도 어떤 이는 세상에 이로운 나무를, 어떤 이는 세상에 쓸모가 적은 나무를 기른다고 한다. 정원사의 나무 기르는 원리를 통해 우리는 과연 어떤 나무를 기를 것인가.

열악한 환경이지만 공직생활을 하는 과정에서 시민에게 쓸모 있는 공직자가 될 것인지 아니면 쓸모가 적은 공직자로 살아갈 것인지 우리의 마음가짐에 달려있다. 관성 때문에 단 번에 모든 것을 뒤엎을upside down 수는 없지만 그럼에도 이왕에 공직생활을 하는 거라면 시민에게 쓸모 있는 공직자로 보다 수준 높은 공직자로 존재하는 것이 좋지 않을까.

077

우리의 삶은 결과중심이 아닌 과정중심이다!

수년 전,• 황모 전 서울대 교수팀의 배아줄기세포에 관한 거 짓 논문발표로 학계가 발칵 뒤집어진 일이 있었다. 황 교수의 핵심동 료인 서울의대의 안모 교수는 곧 바로 일본과 미국의 관련 연구단체들 을 둘러보고 언론을 통해 보고한 바 있다. 내용을 요약하면 '연구의 결과'가 중요한 것이 사실이지만, 이제 우리의 과학계도 '과정을 결코 간과해선 안 된다'는 것이 주요 내용이었다.

사실 우리의 과학계만 이러해야 하는 것은 아니다. 사회의 모든 시 스템이 이와 같아 왔고 또 그렇게 되어 있었다. 그러나 그들은 그간

• 본 글은 2009년 9월 11일 작성한 것임.

노동철학 에세이

상당한 언론플레이를 통해 당위성만 앞세워 '결과'만 중시하고 '과정'을 경시해 왔다. 적당한 국민적 감정을 등에 업고 언론플레이로 사태의 본질을 흐릴 만한 그런 사안이 아니었기 때문에 그들에 대한 국민적 비판은 매우 신랄했다.

만일 '과정'을 경시하고 '결과'만 중시하는 사회가 된다고 해 보자. 당장 사회 곳곳이 사기꾼들의 장으로 급변될 게 뻔하다. 또 '과정'을 무엇보다 중시하는 법치사회의 모든 시스템은 곧 바로 마비되어 폐기처분 되고 말 것이다. 삶 자체가 과정이다. 목표가 뚜렷하고 결과가 아무리 시급히 요청된다 하더라도 결코 과정을 경시하지 말아야 하는 이유가 바로 여기에 있는 것이다.

좀더 보자. 맨손으로 시작 수천 억을 번 부자가 있다고 하자. 그러나 그의 재산축적 과정이 온통 도박과 투기로 모은 재산이라면 정당성을 확보하기 어렵다. 스포츠는 어떤가. 과거 캐나다 출신의 벤존슨이라는 스프린터는 혜성과 같이 떠올라 신기록을 구가하면서 세계적 스타로 떠오른 적이 있다. 그러나 후일 약물복용 사실이 밝혀지면서 그의 명성은 하루아침에 무너지고 말았다.

명분과 실리는 서로 부합해야 한다. 명분없는 실리가 문제이듯 실리없는 명분 또한 문제이긴 마찬가지다. 최근 모 구청장의 사회적약자인 불우한 이웃을 돕겠다는 명분으로 직원들에게 값비싼 물품을 대거 판매하도록 하여 물의를 빚은바 있다. 지도자의 잘못된 생각이 엄청난 부작용을 낳을 수 있는 전형을 그야말로 적나라하게 보여주었다. 역시 과정을 무시한 결과중심의 행정 때문이다.

예나 지금이나 참모들은 지도자의 잘못을 보면 바로잡고자 간언을 해야 한다고 했다. 그럼에도 일부의 참모들은 이를 바로잡으려 노력하기는커녕 오히려 부화뇌동附和雷同●하여 불우한 이웃을 돕는다는데 뭐가 문제냐는 식으로 나오거나 심지어는 불우이웃돕기 사업이 중단되면 노조에서 책임질 수 있느냐는 협박 아닌 협박도 불사한바 있다. 참으로 경천동지驚天動地●할 일이다.

사람은 '무엇이 되었나'보다 '어떻게 살았나'가 무엇보다 중요한 가치로 평가된다. 그러므로 결과가 아닌 과정을 더욱 중시해야 한다. 그것이 명실상부名實相符한 일이다. 제발 소수가 아닌 다수가 더불어 잘 살 수 있는 지혜를 발휘해야 한다. 본질을 회피하고 말단에만 혈안하는 삶을 지속한다면 오래지 않아 부메랑이 되어 곧 맞아죽고 말 것이란 것을 잊지 말아야 한다.

● 우렛 소리에 맞추어 천지 만물이 함께 울린다는 뜻으로, 자기 생각이나 주장 없이 남의 의견에 동조함.
●● 경천동지(驚天動地) : 하늘을 놀라게 하고 땅을 뒤흔든다는 뜻으로, 세상을 몹시 놀라게 함을 비유적으로 이름.

노 동 철 학 에 세 이

078

사자와 나무꾼의 딸 그리고 노동운동

사자가 나무꾼의 딸에게 크게 반했다. 요정이 사자를 나무꾼에게 데려가자, 사자는 나무꾼에게 딸을 달라고 간청했다. 그러자 나무꾼은 "자네 이빨이 너무 길어서 안 된다."고 답하자, 사자는 바로 치과의사를 찾아 이빨을 전부 뽑았다. 그리고 나무꾼을 재차 찾아 딸을 줄 것을 간청하자, 이번엔 "자네 발톱이 너무 길어서 안 된다."고 답했다.

사자는 그길로 다시 치과의사를 찾아 발톱을 아예 몽땅 뽑아 버리고, 이제는 딸을 주겠지 하고 생각하며 나무꾼을 찾았다. 그러나 이빨과 발톱이 없는 사자는 이미 사자가 아닌 힘없는 허깨비일 뿐이었다. 나무꾼은 제대로 된 사자가 아닌 허깨비 사자를 발견하고는 사자의 머리를 한 방에 쳐 죽여 버리고 말았다.

노동운동을 하면서 간과하지 말아야 하는 것은 함부로 이빨과 발톱을 뽑아 버리는 행위일 것이다. 어리석게 나무꾼의 예쁜 딸만을 얻기 위해 좌우를 돌아볼 겨를도 없이 그저 저돌적으로 덤비는 행위는 자칫 자신의 모든 것이 될 수도 있는 이빨과 발톱을 모두 뽑아 버리는 행위와 다를 바 없을 것이다.

중요한 것은 '조합원을 중심으로'라는 기치를 높이 세우고만 있을 게 아니라 진실로 조합원들의 정서를 파악해야, 그 속에서 우리의 힘을 계량할 수 있을 거란 얘기다. 이후 목적을 위해 수단이 어떻게 필요한지 해법이 나타날 것이다. 무식하게 그냥 물러서자는 얘기가 아니라, 부드러움을 표방하면서 철저히 강한 내면을 만들자는 것이다.

부드러움이 강함을 이기는 것이 세상의 이치다. 장미가 아름답다고 함부로 다루지 않는 것은 가시가 있기 때문이다. 그 아름다움 속에 강한 면모를 끊임없이 지속할 때, 견제와 균형은 이뤄질 수 있다. 초지일관 강함만을 주장하는 것은 진실로 강하지 못하기 때문이다. 허깨비와 다르지 않다. 진실로 우리의 정서를 헤아릴 때다.

079

공무원노조의 시국선언과 관련하여

〈와각지쟁蝸角之爭〉?

두 가지 주장이 있다. 이런 저런 불필요한 피해를 줄이고자 "노조의 이름으로 시국선언을 해야 한다."는 주장•과, "전교조 식으로 공직자 개인의 서명을 받아 시국선언을 하는 게 옳다."라는 주장이 있다. 양자의 입장차를 면밀히 분석해 보면 논리라고 할 것도 없을 만큼 단순하기 짝이 없음을 알 수 있다.

전자는 이명박 정권이 민주주의를 퇴보시키는 작금의 상황을 결코 좌시해선 안 된다는 차원에서 "공무원노조의 이름으로 문제를 삼아야

• 본 글은 공무원노조도 시국선언에 참여해야 한다는 주장이 한참 제기되던 2009년 7월 2일 작성한 것임.

한다."는 입장이고, 후자는 시국선언은 개인의 서명이 담겨야 시국선언 본연의 뜻에 맞는 것이기 때문에 이른바 "전교조식 시국선언을 해야한다."는 논리다.

2004년 총파업 논리?

필자는 2004년 총파업 당시 노조지도부에 대해 매우 비판적인 입장을 견지하던 사람 가운데 한 사람이다. 따라서 총파업에 참여하지 않음으로써 온갖 유·무형의 비난을 면하지 못했지만, 필자는 총파업의 부당성을 끊임없이 지적했다. 그럼에도 대세는 시위를 떠난 화살이요, 내 던져진 주사위의 형국이었다.

당시 우리 수원시지부의 간부들 가운데 유일하게 총파업 반대논리를 폈고 때가 무르익길 기다려야 한다고 주장했다. 그리고 사태수습하기에 바빴고 무너진 조직을 재건하는데 온 힘을 기울였다. 누구나 그렇겠지만 한 번 신뢰를 잃은 조직이 다시 이전의 조직으로 재건되기란 더 이상 언급하지 않아도 알 것이다.

변화變化를 인정해야!

시간은 흘러 어느덧 5년이 되어 가지만 이전의 노무현 정권이나 현 이명박 정권이나 공무원노조에 대한 탄압의 양태는 크게 달라진 게 없다. 노조의 대응 또한 마찬가지다. 뭐 약간 달라진 형태라면 합법노조라는 것 정도가 아닐까. 조합원의 숫자와 조직의 존립을 위태롭게 하는 것은 예나 지금이나 별 차이가 없다.

진정 지도자라면 '변화'의 의미를 되 세길 때다. 무엇이 '변變'이고 무엇이 '화'인지 진정으로 고민해야 한다. 현명함과 우둔함의 차이는 그 때를 잡거나 놓치는 일에서 비롯된다고 하지 않던가. 〈호리지차毫釐之差〉를 보라. 초기엔 거의 차이가 없는 듯하지만 시간이 지날수록 그 차이는 하늘과 땅 만큼 벌어진다.

지금은 화쟁사상이 필요!

원효가 살던 신라 때에는 크게 중관과 유식이라는 두 학파가 존재했다. 먼저 중관사상中觀思想은 진여문眞如門이라고도 하는데, 이에 속한 이들은 늘 부정에 치우쳐 부정하는 주체와 부정당하는 객체를 모두 싸잡아 부정함으로써 철저히 부정에 떨어져 결국 허무주의에 빠져 헤어나오지 못하는 폐단이 있었다.

이와는 상대적인 〈유식사상唯識思想〉이 있었다. 〈생멸문生滅門〉이라고도 하는데, 이에 속한 이들은 모든 교리를 잘 분별하고 매우 정밀하게 정립하기는 하지만 스스로 세운 가설을 다시 부정하고 나오지 못하여 결국 '유有'에 집착하는 폐단이 있었다. 마치 지금의 우리 노조 지도부와 흡사한 양상을 띤다고나 할까.

원효는 양자의 사상을 면밀히 분석하여 모두 비판하고 두 사상을 아우를 수 있는 〈화쟁사상和諍思想〉을 주창했다. 〈화쟁사상〉은 오늘날 자본주의와 공산주의를 하나로 아우를 수 있는 사상이 될 수 있을 것이라 하여 관련 학계에서는 비상한 관심 속에 연구가 진행되고 있다. 우리 노조가 타산지석他山之石으로 삼을 만하다.

권도權道를 발휘할 때!

평소 시동생은 형수와 손을 잡지 않는 것이 상도常道다. 그러나 위급한 상황일 경우 시동생은 형수의 손을 잡기도 한다. 예컨대 형수가 물에 떠내려가는 것을 보았을 때, 형수의 손으로 보지 않고 손을 내밀어 형수의 손을 잡는 것이다. 과거 총파업 때 노조와 정부는 '상도'만 주장하다가 양자 모두 큰 상처를 남긴 바 있다.

우리 노조는 당시 정부의 〈공무원노조 특별법안〉을 매우 신랄하게 공박했다. 그도 그럴 것이 정부는 마치 세 살 먹은 어린 아이를 상대로 정책을 수립하는 것과 같은 모습들이었기 때문이다. 헌법에도 보장된 노동 3권을 정부가 헌신짝 취급하고 있음에 비판은 당연했고 앞으로도 이에 대한 비판은 지속될 것이다.

그러나 작금과 같은 투쟁일변도의 노동운동 또한 여론이 곱지 않음을 냉철히 인식해야 한다. 이는 정부가 엄청난 탄압을 가하는 요인이 됨은 말할 것도 없다. 사람이 악惡을 알면서도 그에 굴복하는 것은 잠재적 두려움에서 출발한다고 하지 않던가. 정부의 초법적 대응을 냉철한 이성을 통해 전략적으로 접근해야 한다.

명실상부한 지도자라야 모두가 산다!

평소 훈련이 잘 되어 있어서인지는 모르겠으나 아무리 폭력적으로

노동철학 에세이

발악을 해도 될 것이 있고 아니 될 것이 있다. 마치 〈목후이관沐猴而冠〉처럼. 이는 원숭이가 관을 썼다는 말로 의관은 그럴 듯하지만 생각과 행동이 사람답지 못하다는 말이다. 말하자면 원숭이에게 목욕시켜 관을 씌워 놓아도 원숭이는 원숭이라는 말이다.

좀더 쉽게 얘기하면, 이목구비를 다 갖추었다고 모두가 사람 행세를 하는 것이 아니란 말이다. 지도자가 식견과 덕德을 끊임없이 쌓아가지 않는다면, 결국 그 지도자와 지도부는 물론 주변의 귀중한 사람들의 말과 그 사람들의 조직을 모두 잃는 지도자가 되고 말 것이란 것을 잊지 말아야 한다.

찰미察微하면서 돌파구를 찾아야!

진정 '찰미'해야 할 때다. 글자 그대로 작은 부분을 살펴야 한다. '조짐'을 헤아려 사태(희생)를 미리 막을 수 있어야 지도자인 것이다. 현장의 지부장들이 어떤 말들을 하고 있는지 귀를 기울여야 해답이 보일 것이다. 무조건 "나를 따르라"고 주장하기 전에 '따를 수 있는 환경을 조성한 후에 주장'을 해도 늦지 않다.

중앙의 지도자들이여!! 이번 시국선언과 관련하여 무엇이 진정 공무원노동조합을 위하고 무엇이 우리를 궁극적으로 존재케 하는지 냉철히 '찰미'할 것을 권한다. 건강한 노조, 건강한 시민, 건강한 국가가 되는데 굳건한 토대를 세우고 길이 남는 노조가 되기를 간절히 바라면서 중앙 지도자들의 훌륭한 결정을 기대한다.

080

권리를 위한 투쟁

"법의 목적은 평화이며 그것을 위한 수단은 투쟁이다."『권리를 위한 투쟁』의 저자 독일의 유명한 법철학자인 루돌프 폰 예링의 말이다. 짧은 문구지만 매우 의미있는 문구다. 달리 말하면 '권리가 침해당했을 때, 투쟁하라'는 말이다.

특히 이 말은 어떤 개인이나 조직으로부터 고의 혹은 비열하게 권리를 침해하면 권리를 위해 투쟁을 해야 한다는 말이기도 하다. 예링에 따르면, 권리를 위해 투쟁하는 것은 자신이나 조직에 대한 의무이며 사회에 대한 의무라고 한다.

만일 자신의 권리를 침해하는데도 이를 묵인하거나 방조하는 것은 결국 자신의 권리를 내 팽개치는 것과 다름이 없는 말이라고 그는 강

 　　　　　　　　　　　　　　노 동 철 학　에 세 이

조한다. 그런 의미에서 우리 조직을 보면 권리를 침해받고 있는 형국이라 하지 않을 수 없다.

정부는 공무원노조법이라는 그럴 듯한 허울로 공직자들을 현혹하고 있지만 속내를 살펴보면 이름에 부합될 수 없는 극악한 문구들로 가득하다. 한 마디로 권리를 크게 침해받고 있는 것이며, 또 다른 침해를 당할 처지에 놓여있다.

내년 1월 말이면 시행령이 발효*되면서 본격적인 갈등이 시작되겠지만 공직자들은 각각 자신의 권리를 되찾고 이를 지켜나가야 한다. 유비무환有備無患이라 하지 않는가. 환경이 조금이라도 나을 때 '권리를 위해 투쟁'해야 한다.

* 2010년 현재, 노사관계가 여전히 불통상태지만 공무원노조에 대한 사회적 시각은 다소 나아진 것만은 확실해 보인다. 그러나 공무원노조가 더욱 성장하기 위해서는 공공의 사회적 책임에 대해 더욱 박차를 가해 시민과 국민의 지지를 받는 길밖에 없다. 참고로 본 글은 2005년 10월 24일 기술한 것이다.

081

노사 상생을 기대하며

『장자』에 〈촉만지쟁觸蠻之爭〉이란 말이 있다. '알고 보면 허무한 다툼을 의미'한다. 요약하면, "달팽이 머리에 작은 뿔이 두 개 있는데, 왼쪽 뿔에 있는 나라가 촉觸이고, 오른쪽 뿔에 있는 나라가 만蠻이라는 나라다. 두 나라는 늘 서로 땅을 차지하려고 처절하게 싸웠다. 결국 수많은 사람들이 죽었다. 군대를 출동시켜 상대를 추격하여 무찌르고 돌아오는데 보름이나 걸리기도 했다."라는 말이다.

그래서 이를 〈촉만지쟁觸蠻之爭〉 또는 〈만촉지쟁蠻觸之爭〉이라 부르기도 하고 흔히 〈와각지쟁蝸角之爭〉이라고도 한다. 의미는 같다고 할 수 있다. 여하튼 두 나라의 싸움은 처절하고 절박하지만, 우리가 보기에는 보잘 것없기 짝이 없어 보인다는 것이다. 마치 오늘날의 미국과 이라크가

지지고 볶으며 싸우는 것이나, 최근 북한과 미국이 서로 틈을 노리고 있는 것과 같다고 할 수 있다.

장자는 바로 이 같은 경우를 두고 촉만지쟁을 꺼내든 것이다. 생각해 보라! 무한한 우주를 놓고 보면 위나라나 제나라 모두가 지극히 미미한 나라들이다. 게다가 그 안에서 사람들이 쫓고 쫓기며, 빼앗고 빼앗기는 이 모든 것들이 미미하기 짝이 없음에도 이들은 늘 '너 죽고 나 살기'로 나가고 있다. 즉 나만 있고 상대는 안중에 없는 것이다. 그래서 장자는 이들을 비판하고 있는 것이다.

이를 토대로 우리 사회를 한 번 둘러보자. 야당과 여당, 의회와 정부, 노동자와 사용자, 공무원조직의 노조와 집행부, 모두가 대립각을 세우고 있는 형국이다. 새는 좌우의 날개가 건강할 때 잘 날 수 있다는 얘기들을 하면서도 그리고 모두가 더불어 잘 사는 행복한 삶을 추구하는 당위와 명분을 세우고 있지만 실상은 철저히 '너 죽고 나 살기'의 형국에서 벗어나지 못하고 있다.

상대를 인정하지 못하면서 내가 하면 로맨스요, 남이 하면 불륜이라고 하는 늘 자기합리화와 우선적 가치를 배제하지 않는 한, 우리는 항상 자기모순에 빠져 허덕일 수밖에 없을 것이다. 내가 옳으면 상대도 옳을 수 있고, 상대가 오류를 범하면 나도 오류를 범할 수 있음에도 아랑곳 하지 않는다. 사물을 관찰함에 편면이 아닌 종합적으로 정확하게 통투通透하려는 안목을 가져야 할 때다.

082

노사는 합심해야 할 때!

드디어 스케줄*대로 행해지고 있다. 조금도 융통성 없이 계획 대로 착착 진행되고 있는 모습에 경악을 금치 못하고 있다. 상도만 있지 권도를 그 어디에서도 찾아볼 수 없으니 죽을 맛이다. 정부는 인기(?) 즉 사랑을 한 몸에 받으려고 늘 국민들의 눈치와 여론만을 살피고 있다. 그 내용에 있어서 무엇이 옳고 그름을 떠나 원칙 없는 인기를 위해서 지금 온갖 악행을 서슴치 않고 있다. 그러나 이러한 통치술은 그리 오래 가지 못한다는 것이 역사의 가르침이다. 따라서 이보다 더

---

* 본 글은 2004년 11월 11일 기술된 것으로, 당시 공무원노조는 정부의 횡포에 맞서 2004년 11월 15일을 디데이로 삼아 총파업을 강행하겠다는 주장을 하고 단행했다. 그러자 정부는 법과 원칙대로 맞섬으로서 공멸의 위기에 처했을 무렵이다. 그리고 지금(2010년 10월 현재)은 고인이 되었고 또 국민의 많은 사랑을 받고 있지만, 재임 시의 잘못을 거울삼기 위해 춘추필법에 따라 기록한 것이다.

묘한 정책을 갖다 펴더라도 결실을 못 거두고 주저앉을 수밖에 없을 것은 뻔하다.

주지하듯 노무현 대통령과 이해찬 총리 그리고 이부영 열린우리당 의장 등은 과거 야당 혹은 재야에 있을 때, 이른바 노동 3권이 완전히 보장된 공무원노조가 설립되어야 한다는 말을 언론을 통해 강력하게 주장했던 인사들이다. 그러나 지금은 세상이 바뀌었다고 전혀 다른 얘기를 하고 있다. 아니 오히려 어느 정권보다 강한 탄압을 자행하고 있다. 특히 노무현 대통령은 이에 대해 말 한마디 제대로 하지 않고 행자부와 노동부, 법무부 장관을 통해 마치 자신의 입장을 전달하는 듯한 모습을 취하고 있는 데 대해 개탄을 금치 못할 지경이다.

노무현 대통령은 과거 '바보' 노무현으로 불렸다. 이는 '바보' 노무현의 '바보'가 진짜로 수준이 낮은 '바보'가 아닌 진실로 원칙을 지키며 실천하는 모습(유불리를 따져 행하는 세상 정서를 물리침)의 '바보' 노무현으로 불린 것이다. 또 이를 전혀 주저함 없이 받아들인 사람도 바로 노무현이다. 그런 그가 지금의 노조가 주장하는 노동 3권을 완벽하게 뒤집고 있는 것이다. 더 이상 이전에 불리던 '바보' 노무현을 찾을 길이 없다. 무엇이 옳고 그른지를 가려 원칙을 고수하고 이를 실천하던 그의 모습은 어디로 갔는지 도무지 찾을 길이 없다.

행인지 불행인지 국민들은 그의 그런 충정을 높이사 진실로 앞으로도 그러한 '바보'가 되기를 기대하면서 표를 던졌건만, 아쉽게도 이젠 과거의 그 '바보' 노무현이 아닌 전혀 새로운 대통령 노무현으로 국민들 앞에 모습을 드러내고 있다. 문득 과거 5공 때의 군사독재로 회귀한 느낌마저 주고 있다. 게다가 틈만 나면 대화와 토론을 통해서 문제를 풀겠다고 주장하던 사람이 지금 이렇게 중대한 시기에 매듭을 풀어 보겠다고 나서지 않는 것은 이 정부가 과연 참여정부 맞는지 의문이 들 정도다. 원칙을 고수하던 그 바보 노무현은 지금 어디에 있는가?

사나운 말로 집에서 기르는 개의 성품을 보고 그 집의 주인 성품을 알 수 있다고 한다. 한 가지 일로 추측推測할 수 있다는 말이다. 모두에서도 언급한 일이지만 노무현 대통령과 정부는 지금 어느 것 하나 제대로 된 정책을 입안하고 집행하지 못하고 있다. 그가 그토록 주장하던 '원칙'을 스스로 무너뜨려 상실되었기 때문으로 풀이할 수 있다. 따라서 현 정부와 여당이 내 세우는 소위 4대 개혁법안이 야당은 물론 국민들이 쉽게 납득하지 못하는 것도 바로 이런 논리의 부재와 이성의 불결합성 때문에 화를 자초하고 있는 것이라 할 수 있다.

한편 공무원노조와 수원시는 〈오월동주吳越同舟〉*의 형국에 있으며, 특히 지방분권이 그 어느 때보다 강조되는 이때, 노사가 하나가 되어 정부의 불합리한 정책에 맞서 싸워야 함에도 오히려 정부의 일방적인 주장에 속수무책 하고 있는 듯한 모습에 대해 비판하지 않을 수 없다. 아니 오히려 이를 악용하는 듯한 모습은 도저히 이해할 수 없다. 옛말에 입술이 없으면 이가 시리고, 보금자리가 부서지면 알도 온전하지 못하다고 하지 않던가. 이는 건전한 견제와 균형을 이룰 때, 건강을 유지할 수 있다는 점에서 집행부는 대오각성을 해야 한다.

주지하듯 이번 싸움은 공무원노조와 정부의 한판싸움이다. 쟁점을

---

* 오월동주는 『손자』, 「구지편(九地篇)」에 나오는 말로 "대저 오나라 사람과 월나라 사람은 서로 미워한다. 그러나 그들이 같은 배를 타고 가다가 바람을 만나게 되면 서로 돕기를 좌우의 손이 함께 협력하듯이 한다." [夫吳人與越人相惡也 當其同舟而濟遇風 其相救也 加左右手]라고 한 데서 비롯되었다. 즉, 서로 원수지간이면서도 어떤 목적을 위해서는 부득이 협력을 하는 상태를 일컫는다.

노 동 철 학 에 세 이

모르는 직원이야 없겠지만 어떤 형태로든 지금과 같은 형태를 근간으로 하는 특별법을 통과시켜서는 안 된다는 사실이다. 공무원이라면 그 누구에게도 도움이 되지 않기 때문이다. 그러므로 지금은 어느 누가 얼마의 이해를 논할 때가 아닌 것이며, 따라서 노조와 수원시는 합심해서 이를 막아내는데 총력을 경주해야 한다. 당장 자신의 부서와 직원들의 단속을 근거로 이해관계를 논하는 것은 결코 도움이 되지 않는다.

어차피 이 정권은 철학이 없음을 스스로 공표하고 있고 이념도 상실 지경에 있다. 명실이 전혀 부합되지 못하는 정부라는 것은 천하가 다 아는 사실이다. 그래서 안타깝고 슬픈 일이다. 자칫, 평생 공직을 위해 피와 땀을 흘린 소중한 직원들이 희생당할까 두렵다. 이런 때 노사는 합심해서 해결할 돌파구를 찾아야 한다. 지극히 현상적이고 말단적인 부분은 배제하고, 더 이상 소모적인 논쟁도 지양되어야 하며, 진실로 상생할 수 있는 해법을 찾아야 한다. 특히 이 시점에서 노사는 희생자를 최소화하는 데 온 힘을 기울여야 한다. 그것이 실마리다.

가끔 사람들과 다투는 이유?

가끔 다툰다. 이런 저런 일로 다투게 되는데, 왜 다퉈야 하는지 의문이 들 때가 많다. 가만히 생각해 보면, 아마도 그건 '자유'를 얻기 위해 다투는 것이 아닌가 싶다. 말하자면 '다툼'은 자유를 얻기 위해 존재하는 수단으로 이해할 수 있겠다.

'자유'는 늘 피 냄새를 동반하는 못된 영혼의 가치를 지니고 있다. 모두가 이 못된 가치의 맛을 느끼기 위해 피곤을 무릅쓰곤 하지만 쉽게 조응하지 못한다. 끊임없이 피 냄새를 찾아 나서는 인내를 요구하는 면이 많지만 쉽지 않은 것이다.

'자유는 하나 됨'을 의미한다. 하나 되기 위해 사이와 사이를 줄이려는 과정이 '투쟁'으로 연결되는 경우가 많다. 사무실과 사무실 사이,

노 동 철 학 에 세 이

벽과 벽, 계급과 계급사이 등 사이를 좋게 하기 위해 지랄 발광하는 과정이 곧 다툼으로 나타나곤 한다.

보통 따로 떨어져 있으면 사이가 나쁘기 쉽다. 그래서 따로 떨어져 있는 것은 가급적 하나로 합일되도록 노력한다. 정신적·육체적 사이를 불문하고 가급적 사이를 줄이면서 좋게 하기 위해 다툰다. 거기에 자유가 존재한다고 보기 때문이다.

그렇다면 진정 자유를 얻으려 하는 까닭은 무엇인가? 그 속에 '조화'가 자리하고 있기 때문일 것이다. 다시 말하면 양자의 차이를 극복하고 하나로 합일되면 조화로운 영혼이 편하게 쉴 수 있기 때문이다. 마치 조화를 위해 섹스에 몰두하듯이.

비록 짧은 순간이지만 다양한 영혼이 하나로 합일하여 진정한 자유의 영혼을 맛보기 위해 엄청난 정력을 소비하는 것도 모두가 그 속에 존재하는 조화를 얻기 위함 아닌가. 일상에서 쉽게 체험되지 않는 조화가 그 속에 존재하는 것이다.

그러나 '조화'도 생각만큼 쉽게 이뤄지진 않는다. 대개 사람 사는 세상이란 변화무쌍하기 때문에 쉽지 않은 것이다. 때문에 인위적인 조화를 구현하기 위해 투쟁鬪爭이 요구되는 것은 어쩌면 당연한 일일 것이다. 투쟁! 투쟁!! 투쟁!!!

'투쟁의 과정을 거친 자유와 조화는 평화를 보장'한다. 다투는 과정에서 둘은 하나가 되기 때문에 쉽게 깨지지 않는다. 조화로운 관계는 이른바 육두문자를 써가며 상대해도 문제될 게 없지만 그저 그런 사이에서는 자유가 성립되지 않는다.

그렇다면 가끔 사람들과 다투는 까닭이 결국 그 놈의 '평화'를 얻기 위함이란 말이었던가. 업業의 특성상 자칫 투쟁으로 시작, 투쟁으로 끝내게 될 공산이 아주 농후한 이 업을 어떻게 할 것인가? 수신修身해야겠다! 수신을 해야겠어!!

084

핵심을 전하기란 쉽지 않다!

 『장자』라는 책의 「천도」편을 보면 다음과 같은 글이 실려 있다.

제나라의 환공이 어느 날 당(堂) 위에서 책을 읽고 있었다. 윤편이 당 아래에서 수레바퀴를 깎고 있다가 뭉치와 끌을 놓고 올라가 환공에게 물었다. "한마디 묻겠습니다만 전하께서 읽고 계시는 건 무슨 글(책)입니까?" 환공이 답하길 "성인의 말씀이다." 이에 윤편이 "성인이 살아 계십니까?" 환공이 "벌써 돌아가셨다."하였다.

그러자 윤편은 "그럼 전하께서 읽고 계시는 것은 옛사람의 똥 찌꺼기로군요."하였다. 이에 갑자기 화가 난 환공은 "내가 책을 읽고 있는데 수레바퀴

만드는 목수 따위가 감히 시비를 건단 말이냐! 나에게 설득력이 있는(이치에 맞는 말) 말을 하면 살려줄 것이고, 그렇지 않으면 죽일 것이다."하였다.

이에 윤편이 말하길 "저는 제 일의 경험으로 보건대 수레바퀴를 만들 때, 너무 깎으면(깎은 구멍에 바퀴살을 꽂기에) 헐거워서 튼튼하지 못하고, 덜 깎으면 빡빡하여 들어가지 않습니다. 더 깎지도 덜 깎지도 않는다는 일은 손 감각으로 터득하여 마음으로 수긍할 뿐이지, 입으로는 말할 수 없습니다.

거기에 비결이 있는 것입니다만 제가 제 자식에게 깨우쳐 줄 수 없고, 제 자식 역시 저에게 이어받을 수가 없습니다. 그래서 나이 70인 제가 이 나이에도 늘그막까지 깎고 있는 것입니다. 옛 사람도 그 전해줄 수 없는 것과 함께 죽어 버렸습니다. 그러니 전하께서 읽고 계신 것은 옛사람들의 찌꺼기일 뿐입니다!"하였다.

기가 막힌 비유다. 핵심을 전하기가 이리 어려운 것을 쉽게 전하려 하니 가끔 어리석어진다. 옛 사람들의 삶의 방식을 통해 우리의 삶을 대입하려니 그게 쉽지 않다. 여하튼 우리의 삶을 성찰해 보자고 목이 터져라 외쳐도 들어줄 사람 별로 없다. 혹 들어준다 해도 핵심을 전하기가 여전히 쉽지 않으니 이를 어쩌란 말인가?

노 동 철 학 에 세 이

085

노마십가를 통해 지혜를!

〈노마십가駑馬十駕〉라는 말이 있다. 즉 '재주 없는 사람이라도 열심히 노력하면 훌륭한 사람에 미칠 수 있음'을 비유하는 말이다.

『순자』라는 책의 「수신」편에는 '무릇 천리마는 하루에 천리를 달린다고 하지만, 둔한 말일지라도 열흘 동안 달려간다면 이를 따를 수 있다'고 쓰고 있다. 또 '반걸음이라도 쉬지 않고 절룩거리며 가는 자는 천리를 갈 수 있고, 흙을 쌓는데도 멈추지 않고 쌓아나가면 언덕이나 산을 이룰 수 있다'는 말도 있다.

〈노마駑馬〉란 걸음이 느린 말을 가리키며, 재능이 없고 무능한 사람을 비유할 때 쓰기도 한다. 여하튼 말이 수레를 끌고 다니는 하루 동안의 노정路程을 일가一駕라 하니, 십가十駕란 곧 열흘간의 노정을 말한다. 따라서 〈노마십가駑馬十駕〉란 '둔한 말이 열흘 동안 수레를 끌고 다닌다'는 뜻이 된다.

이는 곧 재주 없는 사람이라도 열심히 노력하면 훌륭한 사람에 미칠 수 있음을 비유한 말이기도 하다. 영어의 속담 가운데, "slow and steady wins the race" 라는 표현처럼 늦더라도 꾸준히 노력하면 결국 승리할 수 있다는 말과 흡사한 말이라고나 할까. 불파만지파참不怕慢只怕站●과 같은 말이다.

최근 교육 현장●●에서는 학습자의 능력에 따른 수준별 지도가 강조되고 있다고 한다. 말하자면 일부 과목에서 다소 부진한 학생일지라도 학생 개개인의 특성을 최대한 고려하여 그들이 지니고 있는 특유의 능력을 최대로 끌어올리고자 하는 것이란다. 늦었지만 획일적인 사고에서 탈피했다는 점에서 다행이다.

가정이나 혹은 우리와 같은 조직사회에서도 위와 같은 교훈을 거울삼아 능력이 다소 부족하더라도 끊임없이 도전하고자 하는 이들을 적극 발굴하여 능력을 최대로 발휘케 해주면 어떨까. 조금 늦긴 하겠지만 시민에 대한 따뜻한 행정을 구현하게 되지 않을까. 아니라면 적어도 건강한 조직은 될 테니까.

● 느린 것을 두려워하지 말고, 완전히 그만두는 것을 두려워하라는 의미다.
●● 본 글은 2005년 3월 28일 작성한 것임.

086

좀더 대범하게 살자!

사람이 소견小見이 크면 다른 사람의 대기大器를 능히 헤아릴 수 있으나, 소견이 작으면 다른 사람의 소기小器밖에 헤아리질 못한다. 소견이 크고 작다는 것은 평소 자신이 행하는 일에서 확인할 수 있는데, 이는 옹졸하게 살다보면 자신도 모르는 사이 저절로 소견이 작아지게 되고 대범하게 살다보면 자신도 모르는 사이 소견이 크게 된다.• 그렇다면 소견을 대견으로 확대할 것인가. 말 것인가.

사람의 소견이 큰지 작은지를 구별하기 위해서는 먼저 자신의 소견을 살펴봐야 한다. 자신의 소견이 만일 작다면, 큰 소견 즉 대견大見을

• 최한기, 『인정』 권2

가진 사람을 알아보지 못하여 일을 그르치기 쉽기 때문에 늘 심사숙고 深思熟考하는 자세를 견지해야 한다. 반대로 큰 소견을 가진 사람이라면 작은 사람의 소견이라도 이를 해치지 않고 잘 헤아려 그 능력을 점차 길러줄 필요가 있다 하겠다.

우리의 공직을 예로 들어 소견을 지닌 사람을 살펴보면, 우선 자신에게 이로운 업무만을 우선으로 챙기는 사람이거나 타 부서의 직원들은 힘들어 죽건 말건 상관없이 오직 자신의 부서이기만 추종하는 사람이라 할 수 있을 것이다. 좀더 구체적으로 자신의 몸과 관련 있는 데에만 특히 골몰하는 사람이거나 자신의 가족과 집에만 관련해서 생각을 집중하는 사람이 소견자라 할 수 있을 것이다.

그러나 이들을 모두 부정적으로만 볼 필요는 없다. 한두 가지의 소견이라도 이를 바탕으로 점차 세 가지, 다섯 가지, 열 가지로 늘려 간다면 결국 대견자의 세계관을 정립할 수 있기 때문이다. 말하자면 소견이 합하고 더해지면 이것이 바로 대견으로 가는 토대土臺가 되기 때문에 소견을 부정적으로만 볼 필요는 없는 것이다. 물론 소견의 정체성에서 벗어날 가능성이 전제되어야 하겠지만.

소견小見은 대기大器를 알아보지 못하고 소견小見이 커지면 대기大器를 능히 헤아릴 수 있다고 했다. 소견이 작더라도 이를 하나하나 키워 가면 또한 소견이 커져 결국 대견이 될 수 있다고도 했다. 때문에 '지금 바로 여기'에서 가까이 아주 가까이 자신의 주변부터 시작하여 사물을 종합적으로 관찰하려는 노력을 해야 한다. 특히 요즘처럼 어수선할 땐 보다 대범大凡하게 경영할 때다.

087

지도자라고 다 같은 지도자가 아니다!

〈목후이관沐猴而冠〉이란 말이 있다. 원숭이가 관을 썼다는 말로, 의관은 그럴 듯하지만 생각과 행동은 사람답지 못하다는 말이다.

홍문연鴻門宴을 통해 유방劉邦*으로부터 진秦의 도읍인 함양咸陽을 손에 넣은 항우項羽는 살인과 약탈, 방화를 자행함으로써 점차 민심으로부터 멀어지고 있었다. 이 점은 유방이 예견한 터였다. 항우는 스스로 황폐하게 한 함양이 마음에 들지 않아 팽성으로의 천도를 결심했다.

* 한나라 창업자인 유방(BC 247~BC 195)은 천하 통일 이후, 인재를 기용하는 기술에 관해 언급한 일이 있었다. "나는 장량(張良)처럼 교묘한 책략을 쓸 줄 모른다. 소하(蕭何)처럼 행정을 잘 살피고 군량을 제 때 보급할 줄도 모른다. 그렇다고 병사들을 이끌고 싸움에서 이기는 일을 잘 하느냐 하면, 한신(韓信)을 따를 수 없다. 하지만 나는 이 세 사람을 제대로 기용할 줄 안다. 반면 항우(項羽)는 단 한 사람, 범증(范增)조차 제대로 기용하지 못했다. 그래서 내가 천하를 얻고, 항우는 얻지 못한 것이다."

함양이라면 천혜의 요새로 패업覇業의 땅이었다. 간의대부諫議大夫 한생韓生이 수차례 간했지만 항우는 화를 내면서 그를 멀리했다. 한생은 탄식하고 물러나면서 혼자말로 중얼거렸다. "원숭이를 목욕시켜 관을 씌운 꼴이군." 그런데 불행하게도 이 말을 항우가 들었다.

무식했던 그는 무슨 뜻인 줄 몰라 진평에게 물었다. "폐하를 흉보는 말인데 세 가지 뜻이 있지요. 원숭이는 관을 써도 사람이 못된다는 것, 원숭이는 꾸준하지 못해 관을 쓰고 조바심을 낸다는 것, 그리고 원숭이는 사람이 아니므로 만지작거리다 의관을 찢어버리고 만다는 뜻입니다."

이에 격분한 항우는 그를 끓는 기름 가마에 던져 삶아 죽이고 말았다. 죽을 때 한생이 말했다. "두고 보아라. 유방이 너를 멸하리라. 역시 초나라 사람들은 원숭이와 같아 관을 씌워도 소용이 없지." 결국 항우는 함양 뿐만 아니라 천하를 몽땅 유방에게 빼앗기고 말았다.

〈목후이관〉, 원숭이에게 목욕시켜 관을 씌워도 원숭이는 역시 원숭이다. 이목구비를 갖추었다고 다 사람 행세를 하는 것이 아니듯 지도자의 타이틀을 차지하고 있다고 해서 모두가 지도자는 아니다. 식견과 덕을 끊임없이 쌓아가지 않는다면 결국 항우와 같이 천하를 잃는 지도자가 되고 말 것이다.

088

힘 있는 자들이여! 물이 되라!

『노자』라는 책 61장에 "큰 나라는 강의 하류와 같아서 천하 사람들을 다 사귀며 천하 사람들에게 암컷노릇을 한다. 암컷은 늘 고 요함으로써 수컷을 이기니 고요한 마음으로 자신을 낮추기 때문이 다……. 큰 나라는 사람을 아울러 기르고자 함이고, 작은 나라는 섬기려 들어가는 것일 뿐이다. 둘 다 자기 하고 싶은 것을 하려 한다면 마땅히 큰 것을 양보해야 한다."라는 이야기가 있다.

이를 다시 쉽게 설명하면 이렇다. 큰 나라는 강의 하류와 같다. 이는 모든 물을 다 받아들이기 때문에 거대한 강을 이루는 것이다. 이처럼 큰 나라는 여러 사람들을 다 받아들이기 때문에 큰 나라가 된다. 그렇기 때문에 큰 나라는 세상의 많은 나라와 교제를 한다. 세상 사람들이 큰 나라로 가는 것은 마치 수컷들이 암컷을 찾아가는 것과 같은 경우다. 그래서 큰 나라는 천하의 사람들에게 암컷노릇을 한다.

수컷들은 암컷에게 별 요란한 소리를 다 내며 찾아가지만 암컷은 조용하게 이를 받아들인다. 말하자면 암컷은 조용하지만 마치 큰 강의 하류와 같이 자신을 낮추고 모든 것을 포용하며 받아들이는 것이다. 이는 암컷이 수컷처럼 온갖 소리를 내며 고자세를 취할 경우 수컷은 마음 놓고 다가가기 어렵기 때문이다. 그러므로 큰 나라는 그냥 저절로 커진 것이 아님을 암시하고 있다.

마치 암컷이 수컷을 받아들이듯 늘 자신을 낮출 뿐만 아니라 작은 나라들의 뜻을 받아들여 큰 나라가 된 것이란 얘기다. 이것이 큰 나라를 유지하는 비결이기도 하다. 그런데 이와는 반대로 작은 나라는 큰 나라가 늘 저자세를 취하고 있다고 해서 이를 오해하고 가볍게 대응해서는 결코 안 된다. 만일 큰 나라가 힘으로 작은 나라를 위협할 경우 감당할 수 없기 때문이다.

때문에 작은 나라는 큰 나라처럼 늘 자신도 낮추는 자세가 필요하다는 것이다. 하지만 그렇다고 해서 비굴하게 힘에 굴복하라는 것이 아니라 흐름을 정확히 파악하여 늘 수시처중隨時處中(늘 때에 맞춰 중용에 처함)해야 함을 말하는 것이다. 그러나 때에 맞춰 중용에 처한다는 것도 사실은 말처럼 쉽지 않다. 자신의 입장과 상대의 입장이 늘 변화무쌍하기 때문에 적응이 쉽지 않은 것이다.

큰 나라가 작은 나라에게 낮추는 경우는 보편적으로 조건이나 목적이 약하지만 작은 나라가 큰 나라에게 자세를 낮추는 경우는 조건과 목적이 크다. 나라의 안위 때문이다. 큰 나라가 커진 이유로는 사실

  노 동 철 학 에 세 이

자국인은 물론이고 외국인도 보호하기 때문에 그 포용의 힘은 매우 크다. 그러므로 이것이 점차 확산되어 더욱 더 커지는 것이다. 오늘날 미국이나 중국 등이 모두 이러한 경우라 할 만하다.

누구나 강의 하류가 되기보다는 상류가 되려하고, 암컷이 되려하기보다는 수컷이 되려하는 것은 갈등만 야기하기 십상이다. 또 대국이 틈만 나면 소국을 집어삼키려 한다면, 작은 나라는 어떻겠는가. 기필코 이를 저지하기 위해 필사적으로 대응할 것이다. 또 큰 조직이 작은 조직을 말살하려 하거나, 강자가 약자를 해치려 든다면, 이는 노자가 말하는 큰 나라, 큰 조직, 강자의 자세가 아니다.

위에서 언급했지만 큰 나라는 저절로 커지는 것이 아니다. 마찬가지로 큰 조직도 그냥 저절로 커진 것이 아니다. 강자 또한 마찬가지다. 따라서 이러한 위치에 있는 나라나 사람들은 항상 강의 하류처럼 스스로를 낮추고 양보할 것을 인식하여 수련해야 한다. 힘으로 모든 것을 제압하려 든다면 끊임없는 갈등은 지속될 수밖에 없고 이는 결국 모두에게 크나큰 손실만 안겨주기 때문이다.

힘 있는 자들이여 물이 되라! 진실로 물이 되라! 그리고 강물의 하류와 같이 처하라! 그래서 모든 것을 포용하라!!

089

잡초의 삶을 통해 상생을 생각한다!

수천 평의 잔디를 관리하고 있다. 그런데 잔디는 기대하는 만큼 잘 자라주지 않는다. 잡초 때문이다. 그래서 매년 고민한다. 편한 방법, 제초제 사용을 고려할 수 있으나 생태계에 악영향을 줄 수 있을 뿐 아니라 상수도사업소●의 특성상 이 같은 방법은 고려의 대상이 아니다. 차선책으로 환경에 크게 제약을 받지 않으며 잡초를 제거하는 방법을 알아냈다. 바로 〈소금〉을 이용하는 방법이다. 잔디는 염분에 강한 반면 잡초는 염분에 비교적 약하다는 사실을 알아냈기 때문이다.

하지만 이것도 일시적 현상일 뿐이다. 시간이 경과하면 염도가 점차

● 본 글은 필자가 상수도사업소에 재직 당시인 2002년 8월 25일 작성한 것임.

떨어지기 때문인지 잡초는 본래대로 엄청난 속도로 성장을 한다. 끊임없이 잔디밭에 소금을 뿌릴 수도 없고 좌우간 잡초 생각만 하면 "아이고 두頭야!"다. 잡초제거에 있어서 때론 손수 수작업(수십 명의 인력을 투입)으로 깨끗하게 제거해 보기도 한다. 그러나 이 방법도 그리 오래가지 못하고 바로 한계에 도달하곤 한다. 수천 평이나 되는 잔디밭을 같은 방법으로 거듭 예산을 투입하기도 어렵기 때문이다.

잡초의 위력은 가히 상상을 초월한다. 틈이 조금이라도 보이면 삶을 이어가는 데 문제가 없다. 게다가 잡초는 그 무엇과도 비교하기 어려울 만큼 대단히 빠른 성장을 한다. 골프장에서 온갖 농약을 대량으로 살포하는 이유도 바로 여기에 있다. 하지만 지금은 이 지긋지긋한 잡초를 잔디와 함께 더불어 살도록 하고 있다. 잡초를 제거하는 만큼 생태계가 파괴되거나 교란된다는 사실을 알았기 때문이다. 말하자면 〈잡초〉는 그간 쉽게 얘기되어지던 그런 잡초가 아니었다는 점이다.

잡초는 우리가 유익하게 이용하는 채소 등에게 자양분을 제공해 주고 있을 뿐 아니라 식물(약초)들이 보다 강하게 생장할 수 있도록 온갖 유익한 환경을 조성해 준단다. 또한 그들과 철저히 공생하고 있다는 사실도 놀라움을 금치 못하게 하는 동인이 되고 있다. 다행히도 요즘은 태평농법이니, 유기농법이니 하는 방법의 농법들로 농사를 짓기도 하는데 이러한 농법들은 우리가 기존에 갖고 있던 잡초의 부정적인 관념들을 완전히 바꿔가고 있다. 형언할 수 없을 만큼 고마울 따름이다.

그렇다면 사람의 삶이란 어떤가. 사실 사람들의 삶이란 것도 따지고 보면 이와 크게 다르지 않은 구조로 이루어져 있음을 알 수 있다. 선민의식選民意識●에 사로잡혀 늘 자신들만 귀하다고 여기는 부류와 항상

행과 불행을 넘나들며 천賤하다고 스스로 여기는 사람들. 이 모두가 나누고 쪼개는 일을 멈추고 진실로 함께 할 수 있다면, 비로소 우리 사회는 보다 건강한 사회가 되지 않을까 싶다. 잡초의 존재로 약초의 이로움이 있듯, 잡초 같은 사람이 주변에 존재해도 괜찮을 듯하다.

• 선민의식(選民意識)은 특정민족이나 집단이 신(神)이나 신적 존재에게 선택되어 다른 민족에 비해 우월한 지위를 가진다고 믿는 의식을 뜻한다.

090

남의 권세를 이용하지 말아야!

〈호가호위狐假虎威〉라는 말이 있다. 주지하듯 '남의 권세를 빌려 위세를 떤다'는 얘기다. 전국시대인 기원전 4세기 초엽, 초나라 선왕宣王 때의 일이다. 어느 날 선왕은 위나라에서 사신으로 왔다가 그의 신하가 된 강을江乙이라는 사람에게 물었다.

"위나라를 비롯한 북방 제국諸國이 우리 재상 소해휼昭奚恤을 두려워하고 있다는데 그게 사실이오?" 이에, "그렇지 않습니다. 북방 제국이 어찌 일개 재상에 불과한 소해휼 따위를 두려워하겠습니까. 전하, 혹시 〈호가호위〉란 말을 알고 계십니까?" "모르오." "그러면 들어 보십시오. 어느 날 호랑이한테 잡아먹히게 된 여우가 이렇게 말했습니다.

'네가 나를 잡아먹으면 너는 나를 모든 짐승의 우두머리로 정하신

천제天帝의 명을 어기는 것이 되어 천벌을 받게 된다. 만약 내 말을 믿지 못하겠다면 당장 내 뒤를 따라와 보아라. 나를 보고 달아나지 않는 짐승은 단 한 마리도 없을 테니까.' 그래서 호랑이는 여우를 따라가 보았는데, 과연 여우의 말대로 만나는 짐승마다 혼비백산魂飛魄散●하여 달아나는 것이 아니겠습니까.

사실 짐승들이 달아난 것은 여우 뒤에 있는 호랑이 때문이었음에도 호랑이 자신은 그걸 전혀 깨닫지 못한 것이었습니다. 이 경우도 마찬가지입니다. 지금 북방의 제국이 두려워하고 있는 것은 소해휼 때문이 아니라 그 배후背後에 있는 초나라의 군세, 즉 현재 전하의 강한 병력 때문인 것입니다.”

생각해 보니 나라에는 말할 것도 없고, 자치단체에도 〈호가호위狐假虎威〉하는 직원들이 존재하는가 보다. 타 부서야 힘들어 죽든 말든 자신의 부서 사업을 위해 적절히 시장을 위시한 간斡의 결재권자들을 이용하는 직원들이 있다는 이야기를 간혹 도청盜聽한 적이 있었는데, 그것이 크게 틀리지 않은 모양이다. 이러한 일들을 주로 행하는 부서는 이른바 유력有力 부서에서 이용한다고 한다.

말하자면 어떤 직무를 수행함에 있어서 일이 잘 풀리지 않을 때, 자신의 부서 배후를 들먹이거나 은근히 이용한다는 것인데, 사실상 이러한 모습들이 호가호위의 전형이라 할 수 있다. 겉으론 예산의 합리적 사용과 사업의 일원화로 인한 여러 기대효과를 주장하며 정책을 생산

• 혼(魂)과 백(魄)이 어지러이 흩어진다는 뜻으로, 몹시 놀라 넋을 잃음을 이르는 말.

노 동 철 학 에 세 이

해내지만, 실제론 부서 이기주의로 밖에 볼 수 없는 일로 결론이 나는 것을 보면 충분히 입증되고 있다.

이는 결과적으로 사업의 본래 취지인 '내용과 형식'에서 일치되지 못하고 사실상 본질이 크게 훼손됨으로 인해 관련 부서는 물론 단체장과 그 간의 결재라인에 있는 직원들에게도 폐해가 될 수 있다는 점에서 심각히 바라볼 일이다. 특히 수평적 상생을 강조하는 오늘날 공직사회의 환경과 부합될 수 없다는 점에서 하루 빨리 개선되어야 한다. 더 이상 관행이란 이름으로 통용될 일이 아니다.

우리는 지금 거대한 변화의 소용돌이 속에 있다. 그리고 그 변화의 소용돌이 속에서 유유히 걷고 있는 형국에 있다. 세상은 이렇게 엄청난 속도로 변화해 가고 있음에도 전혀 변화의 조짐조차 읽어내지 못하고 과거의 향수에 젖어 관행만을 일삼는다면 도태될 수밖에 없다. 세상은 우리가 잠시 한 눈을 파는 순간에도 이를 놓치지 않고 배척할 만큼 결코 호락호락하지 않기 때문이다.

091

개구리 올챙이 시절을 잊지 말아야!

실학의 비조鼻祖로 불리는 성호星湖(이익李瀷, 1681~1763)의 『사설僿說』에 보면 이런 문구가 나온다. "재물이 있는 것을 부富라 하고, 벼슬이 있는 것을 귀貴라 하는데, 사람이 세상에 처음 태어날 적에는 약간의 벼슬도 조금의 땅도 없이 그저 가난하고 천하게 나타난다."

가만히 보면 초기엔 모두가 이렇게 천하게 살아가다가 몸이 귀해질수록 마음은 더욱 겸손하게 하고, 집이 부자가 될수록 뜻은 더욱 겸허하게 해야 하는데, 이를 유지하게 하는 동인을 우리의 선인들은 주로 예禮로써 이를 지켰다. 천했던 자신의 과거를 잊지 않고 미래를 담보하기 위함인데, 마치 개구리가 올챙이 시절을 잊지 않으려는 모습과 같은 것이라 할 수 있다.

속담에 "사람이 천賤하면 배우지 않아도 공손하고, 가난하면 배우지 않아도 검소하다."라고 했는데, 이는 사람의 본성이 본래 그런 것이 아니고 환경 때문에 그렇게 된다는 말이다. 예로부터 우리는 잘 먹고 귀하게 살면서도 사람들을 공경하고 또 검소하게 살아가는 사람을 일컬어 '삶의 근본을 잊지 않는 사람'이라고 말한다. 또 이런 사람을 '배운 사람'이라고도 한다.

말하자면 귀하면서도 사람들에게 늘 공손한 행동을 하면 사람들이 그를 추종하게 되어 보다 귀한 사람이 된다는 뜻이고, 부자임에도 불구하고 늘 검소한 생활을 하게 되면 삶의 허虛가 점차 늘어나 풍요로운 삶이 배가된다는 것이다. 이는 지방의 작은 고을을 다스리는 공직자는 물론 한 나라를 다스리는 공직자라면 모두가 말할 필요도 없이 뜻을 새겨야 하지 않을까.

공손의 반대는 교만이고 검소의 반대는 사치다. 공직자가 교만驕慢하고 사치奢侈하면서 건강한 나라는 없었다. 무엇이 귀貴고 천賤인지, 무엇이 빈貧이고 부富인지 잊지 말아야 한다. 공직자는 예로부터 귀한 존재였기 때문이다.

092

역린을 존중하자!

『한비자』라는 책의「세난편」에 보면 〈역린逆鱗〉이란 말이 보인다.

전설에 등장하는 용龍은 온순하고 사람과 친근한 동물로 알려져 있다. 그래서 사람이 용에 올라타는 일도 가능했는데, 그러나 어쩌다 잘못하여 용의 턱 아래 '거슬러 난 비늘'을 건드리면 노하여 반드시 해친다고 한다. 이것이 '역린'이다. '거슬러 난 비늘'이란 뜻으로 군주의 노여움을 나타내는 의미로 사용되기도 하고, '유세를 통해 상대를 설득하기 어렵다'는 의미로도 쓰인다.

예컨대 상대가 좋은 명성名聲과 높은 지조를 동경하고 있는데, 이익利益이 크다는 것으로 그를 설득하면, 상대는 자신을 비루卑陋하고 지조

노 동 철 학 에 세 이

가 없는 사람으로 대한다 하여 멀리할 것이고, 반대로 상대가 큰 이익을 원하고 있는데, 명예나 지조가 어떻다는 말로 그를 설득한다면 어떻겠는가. 이는 세상 물정을 모르는 사람이라 하여 상대해 주지 않을 것이다.

또 상대가 속으로는 큰 이익을 바라고 있으면서 겉으로만 명예나 지조를 대단한 체하는 사람에게 명예나 지조로 설득하려 한다면 겉으로는 대우를 해주는 척하지만 속으로는 멀리할 것이 뻔하다. 그렇다고 이익을 가지고 상대를 설득하면 속으로 그 이익 된 말만 받아들이고 겉으로는 나를 버리고 말 것이다. 때문에 상대를 설득하기란 참으로 쉽지 않은 것이다.

그런 의미에서 특히 개성이 강한 오늘날, 사전적 의미의 〈역린〉에 한정하지 않더라도 조직사회에서 벌어지는 현상은, 상관이나 부하직원 모두가 〈역린〉을 가지고 있음에 틀림없다 하겠다. 따라서 상대를 설득하기 어려움은 예나 지금이나 마찬가지다. 그러나 상대가 지니고 있는 최소한의 〈역린逆鱗〉만은 건드리지 말아야 한다. 그것이 상생相生의 단초이기 때문이다.

093

판을 바꿔야 한다!

〈견물생심見物生心〉이란 말이 있다. 탐나는 '재물을 보면 취하고 싶은 마음이 생긴다'는 말이다. 말하자면 복권을 구매하지 않았을 때는 마음이 평온할 수 있지만, 구매한 뒤에는 초연한 마음을 갖기 쉽지 않다. 미인美人을 인식하기 전엔 자연스러운 마음을 가지고 있다가, 인식한 뒤부터는 동요하기 쉽다.

그런가 하면 공직자가 초심을 잃지 않고 끊임없이 굳건한 마음을 지키다가 한 번 두 번 불선해지기 시작하면 계속해서 초연하기란 쉽지 않다. 정치도 마찬가지다. 참여하지 않을 때는 정치에 초연하다가도 정치에 발을 들여놓는 순간부터 권력이 눈에 아른거려 초연하기란 좀처럼 쉽지 않다고 한다.

맑은 물에는 두 종류가 있다. 불순물이 전혀 없는 깨끗한 경우와, 불순물은 존재하지만 모두 가라앉아 깨끗해 보이는 경우다. 우선 불순물이 없는 물은 아무리 흔들어도 혼탁해지지 않지만, 불순물이 있는 물은 조금만 흔들어도 바로 흐려진다. 초심을 유지하는 사람과 그렇지 못한 사람 간의 차이라고 할까.

사람의 마음 역시 본래 '욕심이 없어 깨끗한 경우'와, '욕심을 일으킬 계기가 없어 깨끗해 보이는 경우'가 있다고 할 수 있다. 두 경우 모두 욕심이 생기지 않을 때는 고요하게 있지만, 후자의 경우는 어떤 계기만 주어지면 언제라도 흙탕물을 만들어 낼 수 있는 가능성을 지니고 있는 마음이다.

오늘날을 살아가는 사람들, 유감스럽게도 본래 욕심이 없어 깨끗한 마음을 유지하기보다는 계기만 주어지면 언제든 욕심이 발동할 가능성이 매우 농후한 세상에서 살아가고 있다. 물질이 극에 다다르고 있는 상황에서 사람의 본성을 찾기란 쉽지 않은 것이다. 그만큼 어려운 시대에서 생존하는 것이라 할 수 있다.

그럼에도 마냥 세상 탓만 하고 있기는 시간이 너무도 짧다. 판을 바꿔야 한다. 다시 말하면 패러다임을 바꿔야 한다. 공직자로 살아가는 만큼 누구보다 앞장서 반전시켜야 한다. 살얼음을 밟는 마음으로 물욕에 흔들리지 않도록 경계하고 또 경계해야 한다. 자신은 물론 우리 모두를 위하는 길이기 때문이다.

094

요령을 잡아 힘의 낭비를 줄여야!

요要는 허리의 중심을 말하고 령領은 옷깃의 중심을 말한다. 따라서 요와 령을 제대로 잡을 수만 있다면 전체를 움직일 수 있다.＊

일이나 학문에 있어서 그 요령을 잡고자 하는 것은 무엇 때문일까? 그 행하고자 하는 것을 요약함에 있을 것이다. 또 힘을 씀에 간략하면서도 쓰임이 헛되지 않고 능률을 최대로 끌어 올릴 수 있기 때문이기도 할 것이다. 반면 요령을 잡지 못하면 죽을 때까지 일이나 학문에 종사한다 하더라도 근본에 도달하기는 쉽지 않을 것이다. 그러므로 근

＊ 요령(要領)을 잘못 이해하는 경우를 본다. 예컨대 마땅히 해야 할 일을 적당히 하거나 열심히 해야 할 공부를 적당히 할 때 요령을 핀다거나 요령을 부린다고 하는데, 이는 잘못된 표현이다. 위에서 언급하고 있는 것처럼 요(要)는 허리의 중심을 뜻하고 령(領)은 옷깃의 중심을 뜻한다. 따라서 요와 령을 제대로 잡아야 정보의 홍수 속에서 살아남을 수 있을 것이다.

노 동 철 학 에 세 이

본을 제대로 잡으려면 먼저 요와 령을 잡아야 한다.

요령은 추측推測 즉 사물을 헤아릴 수 있는 데에서 시작된다 할 수
있다. 따라서 추측할 수 없는 사람은 요령을 잡는다는 것 자체가 어려
운 일이라 할 수 있다. 요컨대 공직에 임하는 사람이 '공직이 과연 무
엇 때문에 만든 것인지'를 인식하지 못하거나, 학문學問을 하는 사람이
'학문을 하는 근본이 과연 무엇 때문인지'를 헤아리지 못한다면, 이는
요령을 잡지 못하고 있는 것이라 할 수 있다.

다시 말하면 자동차의 핸들은 동쪽으로 향하거나 서쪽으로 향하는
데에 중요한 조정 수단이 되는 데, 이 때 핸들조작을 제대로 못할 경
우, 운전을 못하는 것과 같은 이치라 할 수 있다. 말하자면 핸들을 잡
기 전, 자동차가 왜 생기고 왜 필요한지를 알아야 하고, 이후 자동차
의 구조와 특성을 인식하는 것이 요령을 잡는 첩경인 것이다. 요령은
특수에서 일반으로 그리고 다시 특수로의 반복과정이다.

사정이 이런데도 불구하고 요령을 잡지 못한다면, 평생을 공직이나
학문에 종사하더라도 모두가 자기와는 상관없는 엉뚱한 것만 취하게
되고 결국 뚜렷하지 못한 결과만 남기 십상일 것이다. 그런 면에서 전
문가 시대라고 하여 한 곳에 집중하는 경향이 강한 요즘 우리사회는
깊은 성찰을 요구받고 있다 할 것이다. 예로부터 사람이 한 곳에만 집
중하면 모가 나기 쉽다고 하지 않던가.

한 곳에만 집착해보라. 원만한 인간관계는 물론 제대로 된 세계관을
형성하기 어렵다. 이를 토대로 우리의 공직사회를 돌아보면, 한 곳에
만 집중하는 이른바 전문화 현상이 뚜렷해지고 있는데, 성찰할 일이
다. 세무직과 사회복지직이 이미 전문화의 길에 들어서 있고, 인사와

감사, 예산 등도 점차 전문화 되어 가고 있다. 뭐든 전문가를 우대하다 보니 이런 현상이 나타나는 것이겠지만 돌아볼 일이다.

어찌되었든 자신이 담당하고 있는 직무에 있어서 늘 근시안적인 상태로 횡설수설橫說竪說*, 우왕좌왕右往左往**하지 않으려면 반드시 요령要領을 잡아야 한다. 무엇이 본질本質이고 무엇이 말단末端인지 파악할 수 있는 요령은 '지금 바로 여기'에서 반드시 필요하다. 그것이 자신을 위한 것이라면 도약할 것이고, 시민을 위한 것이라면 더욱 우리의 자존감을 드러내는 계기가 될 것이다.

* 조리가 없이 말을 이리했다, 저리했다 함.
** 이리저리 왔다 갔다 하며 일이나 나아가는 방향을 종잡지 못함.

 노 동 철 학 에 세 이

095

진정한 사람!

"추운 겨울이 된 뒤에야 소나무와 잣나무의 푸르름을 안다"•는 말이 있다. 녹음이 무성한 여름에는 잎이 더 무성하고 푸르른 나무가 최후까지 푸르름을 유지할 것 같지만, 추운 겨울이 되면 어느 것이 끝까지 푸르름을 유지하는지 알 수 있다.

시절이 좋을 때는 모두가 애국자로 자처하기 때문에 누가 진정한 애국자인지 알 수 없다. 그러나 시절이 나쁘게 된 후에는 진정한 애국자와 자신의 영달을 위하여 애국자인체 한 사람이 누구인지 구별된다. 마치 송백의 그것처럼.

• 『논어』, 「자한」 : 子曰 歲寒然後 知松栢之後彫也.

내가 부귀할 때는 모두가 나와 진정한 친구인 체하므로 누가 진정한 친구인지 알 수 없다. 그러나 내가 미천해진 후에는 나를 이용하기 위하여 친해진 사람들은 떠나갈 것이므로 진정한 친구가 누구인지 확연히 드러난다.

평소 공직을 행함에 있어서 주변을 둘러보면 늘 자신이 아니면 안 되는 것처럼 행세하는 이들이 있다. 하지만 이런 사람이 진실로 어려운 일에 봉착하게 되면 슬그머니 발을 빼는 것을 본다. 인욕人慾에 사로잡혀 있기 때문이다.

반면 늘 자신의 일에 묵묵히 매진하는 이도 있다. 이런 사람은 복지부동이란 말이 성립되지 않는다. 늘 자신을 단속하는 일에 익숙해져 처음과 끝이 같다. 어떠한 어려움이 닥쳐도 슬기롭게 헤쳐 나간다. 천리天理에 따라 행하기 때문이다.

추운 겨울이 된 뒤에야 소나무와 잣나무의 푸르름을 인지하듯 아주 어려운 시절이라야 사람의 진가가 드러난다. 세상이 천박해져서인지 의도적인 송백松柏의 행태를 마구 드러내고 다니는 이들이 차고 넘친다. 안타까운 일이다.

096

무용지용

모기가 5월 들어• 조금씩 보이기 시작하더니 요즘은 말로 표현하기 힘들만큼 극성이다. 함부로 마음 놓고 숨쉬기조차 어려울 지경이다. 심한 곳에서는 마스크를 착용할 수밖에 없을 만큼 심하다. 어쩌다 마음 놓고 숨쉬기라도 하면 콧속으로 사정없이 날아 들어오는 통에 때론 짜증이 날 정도다.

여기에 나를 더욱 곤혹스럽게 하는 것이 하나 더 생겼다. 바로 거미줄이다. 온갖 종류의 거미들이 거미줄을 칠만한 곳이면 어김없이 쳐대고 있는데, 그들의 거미줄 기술은 가히 상상을 초월한다. 공간이란 공

• 본 글은 2003년 7월 3일 작성한 것임.

간은 온통 거미줄이다. 창틈에서부터 온갖 기계시설물에 이르기까지 그야말로 빼곡하게 쳐댄다.

가끔 너무도 심각하게 느껴져 긴 빗자루를 들고 때때로 거미줄을 제거해 보지만, 이도 잠깐 동안의 효과에 지나지 않는다. 불과 이틀도 지나지 않아 판에 박은 듯 동일한 위치에 동일한 구조의 거미줄을 완벽하게 재연해 내는데 혀를 내두를 지경이다. 모기와 거미가 이렇게 설쳐대는 계절 아~ 여름은 괴로워!

그러던 최근 문득 모기의 숫자가 우려하는 만큼 늘어나지 않는다는 것을 인식했다. 바로 수많은 거미줄에 그들이 희생되고 있다는 것을 목격한 것이다. 모기가 서식할 수 있는 환경이 수없이 조성되어 있는 만큼 모기들은 기하급수적으로 늘어날 것으로 판단하고 우려했는데, 그들의 천적이 뜻밖의 거미들이었다.

수없이 많은 모기와 거미의 상관관계가 이렇게 표출되고 있다니 신기하기도 하고 한편으로는 안심도 되고 있다. 그래서 요즘은 활동에 커다란 지장을 초래하지 않는 한 거미줄을 의도적으로 제거하지는 않는다. 물론 환경미화 차원에서 보면 결코 동의할 수 없는 일이지만 거미의 존재를 다시 한 번 확인케 한다.

과거 잡초가 우리에게 전혀 도움이 안 되는 것으로 인식하고 무작정 제거하다가 잡초의 우수성 혹은 공존의 필요성을 절감한 때와 비슷한 심정이다. 그러고 보면 우리가 기존에 지니고 있는 약초藥草니 독초毒草니 이충利蟲이니 해충害蟲이니 분별하면서 혼란을 자초한 것은 심히 성찰할 일이다.

세상을 살아가면서 조금씩 아주 조금씩 과거의 쓸모없던 것들이 과

연 없어서는 안 될 중요한 매개체로 다가서는 것을 볼 때, 역시 무용

지용無用之用(쓸모없는 것이 쓸모 있음)의 사상을 새롭게 인식하게 한다. 무용

지용, 이는 우리가 기존부터 지니고 있던 때 묻은 사고체계를 완벽하

게 세척해 주고 있는 것이다.

변태의 과정을 지혜롭게

애벌레가 왕성하게 활동을 하다가 어느 일정한 때(성숙단계)에 이르면 변태과정에 들어간다. 외부적 시선으론 그것이 마치 죽어있는 것으로 오인할 정도로 미동도 않는 것이 보편적이다. 하지만 이것도 일정한 시일이 지나면 전혀 새로운 모습으로 탈바꿈 한다. 사실 이러한 변태과정은 인간의 육안으로 살피지 못할 뿐이지, 각각의 개체들은 엄청난 소용돌이 속에서 변화를 겪는다고 한다.

애벌레가 변태하는 것은 분명 변화에 적응해 가기 위한 어떤 면에 있어서는 그렇게 하지 않으면 살아갈 수 없기 때문에 그러한 변태를 하는 것이라 할 수 있다. 말하자면 그러한 과정들이 가장 최적의 삶을 보장하는 형태이기 때문에 변태과정이 필요한 것이라 할 수 있다. 사람의 삶도 다양한 형태이기는 하지만 부분적인 면에서는 이 같은 현상들이 상존할 수밖에 없다고 하겠다.

온갖 조명을 받으며 한 참 잘 나가던 인사가 어느 날 한직으로 가게 되면 적지 않은 심경의 변화를 겪는다고 한다. 하지만 이때 제대로 변태를 하는 인사는 이전과는 전혀 다른 모습의 말하자면 새롭게 태어나는 절호의 기회가 될 수 있지만 이러한 변화를 제대로 수용, 대처하지 못하고 이 전과 동일한 모습으로 살아가고자 한다면 결코 오래가지 못하고 도태되지 않을 수 없는 것이다.

세상을 살아가면서 누구나 이러한 변태과정을 거칠 때가 있다. 지위 고하를 막론하고 얼마나 변화에 부응하여 최적의 상태로 자신을 유지시키느냐에 따라 삶의 형태는 너무도 다른 모습으로 나타난다. 고달프고 복잡다단한 갈등이 도래할 때, 이를 오히려 자신의 변태과정으로 삼아 새로운 인사로 거듭나려는 자세와 태도를 견지한다면 보다 수준 높은 양질의 삶이 보장될 것이다.

공직자는 지행합일해야!

판도라 상자다. 공무원노조에 몸담은 이후부터 문제가 도출되기 시작했다. 공직 내부와 외부에서 나타나는 각종 문제들과 괴리, 모순과 더불어 각종 사회적 문제, 어떻게 할 것인가? 고민하기 시작했다. 혼자만의 일이 아니었다. 모두가 함께 머리를 맞대고 풀어가려 하지만 쉽지 않다. 사회가 온통 '너 죽고 나 살기'가 횡행하는 사이 모든 것이 극단을 이루고 있다. 무엇이 이토록 극단을 이루게 하는 것인지, 무엇이 이토록 공생이 아닌 공멸을 자초하는 쪽으로 향하게 하는지 의문이다. 결국 노동운동과 공부를 병행하게 한다.

사람이 배우는 것은 왜일까? 무엇 때문에 배우는 것일까? 노동운동을 시작한지 7년이 되었지만 늘 고민하게 하는 대목이다. 운동의 삶

노동철학 에세이

속에서 우리는 과연 어떤 목표와 목적의식을 가지고 움직여야 하는지 여전히 고민되는 부분이다. 어떤 이는 이념에 따라 그저 움직이면 된다고 하고, 어떤 이는 그 이념을 제대로 만들고 숙지하고 성찰하면서 운동을 해야 한다는 이야기도 한다. 어떻든 한 마디로 하면 지행합일知行合一의 정신으로 운동을 해야 한다는 데 대해서는 대체로 동의하는 듯하다. 치우침을 반대하는 데 동의하는 것이다.

『중용中庸』에서 말하는 공부의 첫 단계는 〈박학博學〉과 〈심문審問〉을 들고 있다. 여기서 〈박학〉은 '널리 배움'을 뜻하고, 〈심문〉은 '세밀하게 물음'을 의미한다. 쉽게 말하면 밖에서 배운다는 의미에서 〈외지外知〉 혹은 〈견문지지見聞之知〉라 한다. 그리고 〈신사愼思〉와 〈명변明辯〉을 들고 있다. 〈신사〉는 '신중하게 사색함'을 뜻하고, 〈명변〉은 '명확하게 판단함'을 의미한다. 이는 스스로 사색을 통해 얻는 〈내지內知〉 혹은 〈자득지지自得之知〉라 한다. 정리하면 〈박학〉과 〈심문〉이 〈외지〉, 〈신사〉와 〈명변〉이 내지, 이를 합쳐 지知(앎 택선擇善)가 되는 것이다.

그렇다면 실천 부분은 무엇인가. 『중용』에서는 〈독행篤行〉을 들고 있다. '독실하게 실천함'을 뜻하는데, 이를 〈덕성지지德性之知〉라 한다. 〈덕성지지〉가 곧 〈행〉行(실천)이 되는 것인데, 이때 수신修身과 처사處事에 있어서 고집固執하는 것이 바로 〈행行〉이 된다. 따라서 위에서 언급한 박학, 심문, 신사, 명변을 통한 〈지〉와 덕성으로 이루어진 〈행〉이 결합하여 〈지행합일〉 혹은 〈지행일치知行一致〉가 되는 것이다. 공부는 모름지기 〈지知〉와 〈행行〉이 일치될 때, 올바른 공부가 된다. 그런 점에서 동시대를 함께 호흡하는 이들은 〈지행합일知行合一〉이 필요하다 하겠다.

다시 말하면 노동운동에 전념하는 이들은 행(실천)에는 밝지만 지(이론)에 어둡고, 이론에 전념하는 이들은 행(실천)에 어둡다. 그래서 중용의 철학이 요구되는 일이겠지만 이 두 가치를 합일시키기란 쉽지 않다. 하지만 합일시켜야만 한다. 공무원노조 활동을 하는 입장에서 볼 때, 더욱 그러함을 느낀다. 특수한 입장의 노동운동으로 한정하지 않더라도 거대한 삶의 패러다임을 변화시키고, 진정 시민과 더불고자 한다면 공직자가 앞에서 주도해야 한다. 가장 어두울 때 밝음이 시작된다 하지 않던가. 공직자답게 개혁의 주체로 나설 때다.

사세와 기미의 중요성!

사세事勢의 중요성과 관련하여 성호(이익, 1681~1763)의 말은 주목할 만하다. "천하의 일은 대개 십중팔구가 행운으로 이루어진다……. 역사란 성패가 이미 결정된 후에 기록되기 때문에 그 성패에 따라 아름답게 꾸미기도 하고 나쁘게 깎아 내리기도 하여 마치 당연한 것처럼 만든다. 또한 선한 쪽에 대해서는 그 잘못을 많이 숨기고 악인 쪽으로부터는 그 좋은 부분을 반드시 없애버린다.

그러나 당시에 훌륭한 계획이었는데도 이뤄지지 못했고, 졸렬한 계획이었는데도 우연히 화를 피했으며, 선한 가운데 악이 있고, 악한 가운데 선이 있었다는 것을 모른다. 천년이 지난 뒤에 어떻게 참으로 옳고 그름을 알 수 있겠는가……. 때문에 나는 천하의 일에는 처한 바의 형세가 제일 중요하고 행운의 여부가 그 다음이며, 옳고 그름은 가장 아래다."라고 말한다.

이는 역사에 있어서 우연성contingency을 강조하는 것으로 정치가의 재량권과 관련하여 중요한 의미를 갖는다. 다음은 정조正祖•의 권도權道 (상도의 반대되는 말이기도 한 권도는 흔히 말하는 융통성과 같은 말이다. 예컨대 평소 형수의 손을 잡지 않는 것이 상도라면, 위기 때 형수를 구출하기 위해 잡는 행위)와 관련하여 기미에 대해 중시한 부분을 살펴보면 다음과 같다.

"한 치의 싹을 꺾어버리면 백 길이나 되는 나무가 될 수 없고, 개미 구멍을 소홀히 여기면 천 길 되는 제방도 견고할 수 없다." 성호 이익 은 송나라 유학자 호원胡瑗의 말을 인용하면서 '기미幾微'를 잘 파악하 는 것의 중요성을 강조한바 있다. 이는 정치가의 기술과 노련한 의사 의 기술을 비유하여 정치에 있어서 시기timing를 강조한 마키아벨리 (1469~1527)의 논리와 유사함을 볼 수 있다.

"병은 초기에 고치기는 쉽지만 그것을 발견하는 일은 어렵다. 그런 데 초기에 진단하고 치료하지 않으면 시일이 지남에 따라 병을 발견하 기는 쉽다. 그러나 그 치료는 어려워진다. 정치도 마찬가지다. 국가의 재앙과 혼란(소수의 노련한 정치가에 의해)도 일찍 치료될 수 있다. 그러나 이 것들이 자라고 커서 그 악폐가 누구에게나 명백할 정도로 확대되면 그 구제수단을 찾기 어렵다."

요즘 노동조합의 지도자들과 위정자들의 행태를 보고 있노라면 왠

　　　　　　　　　　　　　　노 동 철 학　에 세 이

지 마키아벨리의 논리가 너무도 딱 맞아 떨어지는 느낌이다. 『여씨춘
추』에서 강조하는 말 가운데 찰미察微라는 말이 있다. "작은 부분을 잘
살피라"는 말이다. 위에서 '기미'의 중요성에 대해 언급했는데, 대동소
이大同小異한 말이다. 작은 변화의 움직임을 유효적절하게 포착하여 해
법의 수단으로 삼아야 할 때다.

100

수원시는 중용의 정치를 펼칠 때!

중용中庸에 대한 여러 해석이 있지만 아주 짧게 중용의 한 대목을 살펴보면 이런 말이 나온다. "중용이라는 것은 치우치지 않고 의지하지 않으며 지나치거나 미치지 못함이 없는, 어쩌구 저쩌구 하다가 오직 군자만이 능히 그것을 체득할 수 있고 소인은 이를 거스른다."는 말을 한다. 중용이란 적어도 '편당하지 않고 의지하지 않는다'는 말을 내포하고 있다. 그런 의미에서 중용은 우리에게 시사하는 바 크다.

예로부터 공직자는 군자로 통했다. 공직자란 적어도 군자의 도리를 지켜야 함을 강조한 말이라 할 수 있다. 말하자면 공직자도 사람인지라 소인의 짓을 할 가능성을 우려하여 수련으로 이를 경계함으로써 군자의 길을 가야 함을 강조한 말이다. 한마디로 소인이 되지 말란 얘기

다. 그럼에도 군자의 얼굴을 하고 소인의 짓을 아무 거리낌 없이 자행
한다면 어쩌겠는가. 지탄받을게 뻔하다.

〈망국지음亡國之音〉이란 말이 있다. '나라를 망치는 소리'다. 좀더 구
체적으로 표현하면 요즘 수원시에서는 〈망시지음亡市之音〉이 여기저기
서 터져 나오고 있다.• '수원시를 망치는 소리'가 난무하는 것이다. 때
문에 지금 중용의 정신이 절실히 요구되고 있다. '권력에 편당하지 않
고 권력에 의지하지 않는 정신', 아무리 생각해도 '지금 바로 여기'에
서 우리 모두를 건강하게 할 수 있는 정신이다.

더 이상 편애하지 말고 모두를 포괄해야 한다. 그것이 우리 수원시
가 표방하는 '더불어 사는 행복한 도시'로 향하는 유일한 길이다. 누구
는 적으로 규정하여 배척하고 누구는 아군으로 규정하여 우대하는 이
러한 이분법적인 태도와 흑백논리의 정술政術은 누구에게도 도움이 안
된다. 특히 눈만 뜨면 '혁신'과 '개혁'을 주창하면서 실재에선 늘 반 혁
신적이고 반개혁적인 일을 일삼는 것은 모순이다.

〈권불십년權不十年〉이라 하지 않던가. 권세가 아무리 드높아도 십 년
을 가기 어렵다는 말이다. 먼 역사는 차치하고라도 가까운 우리의 역
사를 보라. 바로 확인시켜 주지 않는가. 권세가 있을수록 위험이 비례
한다는 것은 삼척동자도 아는 일이다. 그래서 평상의 마음으로 중용의
정치를 펼쳐야 한다. 특히 권력의 중심에 있는 직원일수록 중용의 정
치를 해야 한다. '너 죽고 나 살기'는 반중용일 뿐이다.

• 본 글은 2005년 3월 3일 작성한 글이지만 춘추필법(공직에서 벌어지는 일들 가운데 중요하게 지적될
  수 있는 부분들을 빠뜨리지 않고 모두 기록함)에 따라 기술하였다.

101

항상 성찰해야!

생선에 수없이 많은 개미들이 달라붙어 떠날 생각을 않는다. 생선 비린내와 썩었을 때를 생각해 땅에 묻기로 했다. 그러나 문제는 개미들이었다. 생명체라 생각되어 생선에서 개미떼들이 떠나주기를 기다렸다.

한참 동안 광경을 바라보면서 개미떼들이 생선에서 떠나길 기대해도 소용없자, 생선을 앞으로 뒤로 들었다 놓았다를 반복하며 떨어지기를 시도했다. 그러나 개미떼들은 좀처럼 맛 좋은 생선에서 떠나기를 주저하는 듯했다.

이젠 더 이상 어쩔 수 없다고 생각하고 생선을 집게로 집어 묻을 장소까지 옮겨 갔다. 땅을 깊게 판 다음, 묻을 생선을 바라보았다. 녀석들은 여전히 생선에서 떠날 줄을 모른다. 곧 썩어가는 생선과 함께 영원히 잠들 줄을 모르고.

단맛에 취해 있는 녀석들. 결국 생선을 땅에 묻는 순간 개미떼도 함께 묻히고 말았다. 늘 집착하는 수많은 존재들, 특정 조직을 열거하지 않더라도 항상 성찰해야 한다. 어리석은 개미들처럼 생을 마감하고 싶지 않다면.